SEJA ÚTIL

Título original: *Be Useful – Seven Tools for Life*
Copyright © 2023 por Fitness Publications, Inc.
Copyright da tradução © 2023 por GMT Editores Ltda.

Todos os direitos reservados. Nenhuma parte deste livro pode ser utilizada ou reproduzida sob quaisquer meios existentes sem autorização por escrito dos editores.

tradução: Carolina Simmer
preparo de originais: Cláudia Mello Belhassof
revisão: Priscila Cerqueira e Rachel Rimas
capa: Penguim Press
adaptação de capa e diagramação: Natali Nabekura
imagem de capa: John Russo | Getty Images
impressão e acabamento: Associação Religiosa Imprensa da Fé

CIP-BRASIL. CATALOGAÇÃO NA PUBLICAÇÃO
SINDICATO NACIONAL DOS EDITORES DE LIVROS, RJ

S428s

Schwarzenegger, Arnold, 1947-
 Seja útil : 7 ferramentas pra vida / Arnold Schwarzenegger ; tradução Carolina Simmer. - 1. ed. - Rio de Janeiro : Sextante, 2023.
 208 p. ; 21 cm.

 Tradução de: Be useful : seven tools for life
 ISBN 978-65-5564-744-0

 1. Sucesso. 2. Autorrealização (Psicologia). 3. Motivação (Psicologia). 4. Técnicas de autoajuda. I. Simmer, Carolina. II. Título.

23-85334
CDD: 158.1
CDU: 159.947

Meri Gleice Rodrigues de Souza - Bibliotecária - CRB-7/6439

Todos os direitos reservados, no Brasil, por
GMT Editores Ltda.
Rua Voluntários da Pátria, 45 – Gr. 1.404 – Botafogo
22270-000 – Rio de Janeiro – RJ
Tel.: (21) 2538-4100 – Fax: (21) 2286-9244
E-mail: atendimento@sextante.com.br
www.sextante.com.br

SUMÁRIO

INTRODUÇÃO   7

1. TENHA UMA VISÃO CLARA   15
2. JAMAIS PENSE PEQUENO   43
3. TRABALHE SEM PARAR   69
4. VENDA, VENDA, VENDA   97
5. TROQUE DE MARCHA   125
6. FECHE A BOCA, ABRA A MENTE   151
7. QUEBRE SEUS ESPELHOS   179

UM AGRADECIMENTO FINAL   203

INTRODUÇÃO

Alguns meses após o término do meu mandato como governador, em 2011, meu mundo caiu. Não que as coisas estivessem indo às mil maravilhas nos anos anteriores. Após vencer a reeleição de lavada com 57% dos votos em 2006, aprovar políticas ambientais que inspiraram o mundo e fazer o maior investimento em infraestrutura da história da Califórnia – que vai ajudar motoristas, estudantes e fazendeiros do estado por muito tempo depois da minha saída –, meus últimos dois anos e meio no Capitólio, que passei em plena crise financeira global, me deram a impressão de estar preso em uma máquina de lavar com um monte de tijolos. Os golpes vinham de todos os lados.

Em 2008, quando o mercado entrou em colapso, em um dia as pessoas estavam começando a perder suas casas e, no seguinte, estávamos na maior recessão desde a Grande Depressão só porque um bando de banqueiros gananciosos tinha acabado com o sistema financeiro do mundo. Em um dia, a Califórnia comemorava um recorde na diminuição do orçamento que me permitiu juntar uma reserva de capital. No seguinte, o fato de o orçamento da Califórnia estar atrelado demais a Wall Street nos causou um déficit de 20 bilhões de dólares e quase nos levou à falência. Passei tantas madrugadas trancado em uma sala com os líderes dos dois partidos do poder legislativo, tentando nos tirar do fundo do poço, que quase parecia que o Estado estava prestes a nos reconhecer como parte do governo nacional.

Só que as pessoas não queriam saber de nada disso. A única coisa que elas sabiam era que tínhamos cortado os serviços e aumentado os impostos. Você pode até entender que governadores não controlam um desastre financeiro mundial, mas a verdade é que você leva o crédito quando a economia vai bem, apesar de isso ter pouquíssimo a ver com seu trabalho, então é justo levar a culpa quando as coisas desandam. Mas a sensação não é boa.

Não pense, porém, que tudo foi ruim. Tivemos algumas vitórias. Acabamos com o sistema que dava aos partidos o poder de vetar leis em detrimento do bem da população e transformava nossos políticos em idiotas acomodados. Vencemos as empresas do setor petroleiro que tentavam desfazer nosso progresso ambiental e seguimos em frente de forma ainda mais agressiva: enchemos o estado de energia solar e outras fontes renováveis, e também fizemos investimentos históricos para garantir a liderança mundial no uso de tecnologias limpas.

Entretanto, descobri naqueles últimos anos da década de 2000 que você pode implementar as leis mais inovadoras e modernas que um governo estadual já viu e ainda assim se sentir um fracasso absoluto quando um eleitor pergunta por que você não conseguiu dar a ele condições para manter sua casa, quando um pai pergunta por que você diminuiu o orçamento da escola do filho ou trabalhadores perguntam por que foram demitidos.

Essa não foi a única vez que fracassei em público, obviamente. Sofri perdas dramáticas durante minha carreira no fisiculturismo, tive filmes que foram um fiasco, então aquela não era a primeira vez que eu via meus níveis de aprovação despencarem feito o índice Dow Jones.

Mas eu não estava nem perto do fundo do poço. E não foi a recessão que fez meu mundo cair. Fui eu que fiz isso comigo mesmo. Destruí minha família. Nenhum fracasso foi pior do que esse. Não vou repetir essa história aqui. Já a contei em outros lugares, e outros lugares a contaram inúmeras vezes. Todo mundo sabe o que aconteceu. Se você não sabe, já ouviu falar no Google e pode usá-lo. Já magoei demais a minha família, e o caminho para restaurar esses relacionamentos foi longo. Não vou usá-la para alimentar fofocas.

O que vou dizer é que, no fim daquele ano, eu me vi em uma situação que era ao mesmo tempo familiar e estranha. Eu estava no fundo do poço. Já estivera ali antes. Só que, desta vez, eu estava na lama, em um buraco escuro, e precisava resolver se valeria a pena me limpar e começar a lenta subida para sair dali ou se deveria simplesmente desistir.

Os projetos cinematográficos em que eu estava envolvido desde a saída do governo viraram fumaça. O desenho animado levemente baseado na minha vida, que tinha me deixado tão empolgado? Sumiu. A mídia desdenhava de mim, e minha história acabaria após três atos: Fisiculturista, Ator, Governador. Todo mundo adora um conto que termina em tragédia, ainda mais quando são os poderosos que caem.

Porém, se você já leu alguma coisa sobre mim, provavelmente já sabe que eu não desisti. Na verdade, saboreei o desafio de precisar me reerguer. É a luta que faz com que seja tão doce alcançar o sucesso.

Meu quarto ato está sendo a junção de todos os três anteriores, unificados para me tornar o mais útil possível, com um toque extra que eu não esperava. Continuo na cruzada pelo fisiculturismo e pelo mundo fitness quando envio e-mails diários sobre condicionamento físico para centenas de milhares de pessoas e organizo meu evento Arnold Sports Festival, que ocorre no mundo todo. Meu trabalho político é perpetuado no After-School All-Stars, em que trabalhamos com 100 mil crianças em 40 cidades nos Estados Unidos; no Instituto Schwarzenegger de Política Estadual e Global, da Universidade do Sul da Califórnia, onde defendemos reformas políticas por todo o país; e na Iniciativa Climática Schwarzenegger, que promove políticas ambientais pelo mundo todo. E a carreira no mundo do entretenimento? Ela paga por isso tudo. Agora, depois de escapar da selva de Hollywood fazendo um filme atrás do outro, voltei com um seriado, um universo criativo que me divertiu muito enquanto eu tentava dominá-lo. Eu sabia que ia dar continuidade a todas essas carreiras. Como vivo dizendo, *I'll be back*. Mas nunca imaginei que, como resultado de todos os fracassos, redenções e reinvenções, eu me tornaria um cara da autoajuda.

De repente, as pessoas começaram a me pagar cachês de ex--presidentes para dar palestras motivacionais a seus clientes e equipes. Algumas gravaram vídeos desses discursos, publicaram no YouTube e em redes sociais, e eles viralizaram. Então minhas redes sociais começaram a crescer, porque, sempre que eu as utilizava para compartilhar minhas observações sobre questões urgentes do dia ou para oferecer uma voz calma em meio ao caos, esses vídeos viralizavam ainda mais.

Minha ajuda parecia de fato beneficiar as pessoas, da mesma forma que no começo da carreira eu me beneficiei ao conhecer meus ídolos e ao ler sobre eles, muitos dos quais menciono neste livro. Então segui por esse caminho. Passei a espalhar mais e mais positividade pelo mundo. E quanto mais eu falava, mais as pessoas se aproximavam de mim na academia para me dizer que eu as ajudara a superar um momento difícil. Sobreviventes do câncer, pessoas que tinham perdido o emprego, profissionais prestes a começar uma nova fase na carreira. Conversei com homens e mulheres, garotos e garotas, estudantes do ensino médio e aposentados, ricos, pobres, pessoas de todas as cores, crenças e orientações sob o arco-íris da humanidade.

Foi incrível. Também foi surpreendente. Eu não entendia por que aquilo estava acontecendo, então fiz o que sempre faço quando quero entender algo. Parei e analisei a situação. O que notei ao dar um passo para trás é que havia bastante negatividade, pessimismo e autocomiseração no mundo. Também notei que muita gente estava infeliz demais, apesar de os especialistas viverem dizendo que este é o melhor momento da história da humanidade. Nunca houve menos guerras, menos doenças, menos pobreza e menos opressão do que hoje em dia. É isso que os dados mostram. Em teoria, é verdade.

Mas existe outro conjunto de dados. Um conjunto mais subjetivo, que é mais difícil de mensurar, mas que todos vemos e escutamos ao assistir ao noticiário, ao ouvir o rádio ou ao navegar por nossas redes sociais. Muita gente fala sobre se sentir irrelevante, invisível ou sem rumo. Garotas e mulheres falam sobre não se sentirem boas ou bonitas o suficiente. Rapazes falam sobre serem inúteis ou fracos. Os índices de suicídio e os níveis de vício só aumentam.

Especificamente no encalço da pandemia da covid-19, estamos passando por uma epidemia dessas emoções em quase todos os segmentos da sociedade. No mundo todo, a incidência de depressão e ansiedade teve um aumento de 25% desde 2020. Em um estudo da Faculdade de Saúde Pública da Universidade de Boston publicado em setembro de 2020, pesquisadores descobriram que a prevalência de depressão entre adultos nos Estados Unidos *triplicou* entre 2018 e a primavera de 2020, após apenas alguns meses de isolamento social. Enquanto antes disso 75% dos adultos americanos relatavam não sentir nenhum sintoma de depressão, esse número caiu para menos de 50% em abril de 2020. É uma variação enorme!

Só que o problema vai além da covid-19, porque há grupos por aí – instituições e mercados inteiros, para ser bem sincero – tirando vantagem da tristeza das pessoas e vendendo bobagens para elas, tornando-as mais irritadas, enchendo-as de mentiras, incitando seu descontentamento. Tudo em nome do lucro e de ganhos políticos. Essas forças são incentivadas a manter as pessoas tristes e indefesas e a esconder como seria simples usar ferramentas que geram propósito e autossuficiência, as principais armas na luta contra a infelicidade e a apatia.

Acho que foi por isso que tantos milhões de pessoas no mundo inteiro se voltaram para podcasts e newsletters como a minha em busca de respostas que fizessem sentido. Tudo ficou tão ruim na cultura que essas pessoas procuraram alguém em quem confiar, alguém que se recusasse a participar de joguinhos bobos e ardilosos, alguém que tentasse ser implacavelmente positivo quando todo mundo estava sendo insistentemente negativo.

Eram essas as pessoas que eu encontrava na academia todo santo dia. E eu sentia certa afinidade com elas, porque expressavam muitas das mesmas emoções que senti desde que saí do governo em 2011 e tudo desmoronou. Também percebi que, quando eu oferecia conselhos e incentivos a elas, quando tentava inspirá-las, tranquilizá-las e motivá-las, eu recorria a um conjunto de ferramentas muito familiar.

Eram as ferramentas que eu tinha desenvolvido ao longo de 60 anos e usado de forma bem-sucedida durante a minha jornada pelos três atos anteriores da minha vida. Eram as mesmas a que eu tinha recorrido quase uma década atrás, quando cheguei ao fundo do poço e decidi voltar à superfície. Essas ferramentas não são revolucionárias. Se muito, são atemporais. Sempre funcionaram. Sempre funcionarão. Penso nelas como elementos de uma planta baixa ou de um mapa para uma vida feliz, bem-sucedida, útil – seja lá o que isso signifique para você.

Elas envolvem saber aonde você quer ir e como chegar lá, assim como ter a disposição de se esforçar e a capacidade de transmitir para seus entes queridos que a jornada pela qual você deseja conduzi-los vale a pena. São instrumentos que incluem a capacidade de trocar de marcha quando uma barreira surge no caminho e a habilidade de manter a mente aberta e de observar seus arredores para encontrar novas formas de seguir em frente. E, acima de tudo, quando alcançar seu objetivo, essas ferramentas exigem que você reconheça toda a ajuda que recebeu ao longo da jornada e faça uma retribuição justa.

Este livro se chama *Seja útil* porque esse foi o melhor conselho que recebi do meu pai. Ficou grudado no meu cérebro e nunca foi embora, e espero que o mesmo aconteça com os conselhos que ofereço nas próximas páginas. Ser útil também foi a força que motivou todas as minhas decisões e que organizou todas as ferramentas que utilizei para cumprir esse objetivo. Ser campeão de fisiculturismo, protagonista milionário, servidor público – esses eram meus objetivos, mas não eram o que me motivava.

Por muitos anos, meu pai não concordou com a minha versão do que significa ser útil, e talvez eu não concorde com a versão que você tem, no fim das contas. Mas esse não é o propósito dos bons conselhos. Não é dizer a você o que construir, mas mostrar como construir e por que isso faz diferença. Meu pai faleceu com a mesma idade que eu tinha quando meu mundo desabou. Nunca tive a oportunidade de perguntar a ele o que eu deveria fazer, mas tenho uma boa ideia do que ele diria: "Seja útil, Arnold."

Escrevi este livro como forma de honrar essas palavras e transmitir os conselhos dele. Escrevi pelos anos que eu tive e ele, não, e usei esses anos para me redimir, para sair do fundo do poço e para construir o quarto ato da minha vida. Escrevi este livro porque acredito que todos podem se beneficiar das ferramentas que usei em cada uma das fases da minha vida e porque acredito que todos nós precisamos de um mapa confiável para chegar à vida que sempre sonhamos ter.

E, acima de tudo, eu o escrevi porque todo mundo precisa ser útil.

CAPÍTULO 1

TENHA UMA VISÃO CLARA

Muitas das melhores pessoas estão perdidas. Muitas pessoas boas não sabem o que estão fazendo com a própria vida. Não estão saudáveis. Estão infelizes. Setenta por cento delas odeiam o emprego. Os relacionamentos não compensam. Elas não sorriem. Não riem. Não têm energia. Elas se sentem inúteis e impotentes, como se a vida as forçasse a seguir um caminho que não levará a lugar nenhum.

Se prestar atenção, você verá essas pessoas por todo canto. Talvez até quando se olhar no espelho. Está tudo bem. Você não é um caso perdido. Nem elas. Isso é apenas o que acontece quando você não tem uma visão clara para sua vida e já fez tudo que podia ou tudo que achava que merecia.

Podemos mudar isso. Porque tudo que é bom, toda mudança produtiva, começa com uma visão clara.

A visão é o fator mais importante. A visão é propósito e significado. Ter uma visão clara é saber como você quer que sua vida seja e ter um plano para conquistar esse objetivo. As pessoas que parecem mais perdidas não têm nada disso. Elas não têm a imagem nem o plano. Elas se olham no espelho e se perguntam "Como foi que eu cheguei aqui?", mas não sabem a resposta. Elas tomaram muitas decisões e muitas atitudes que as fizeram chegar a determinada situação, mas não têm ideia de quais foram. Talvez elas até argumentem: "Eu odeio viver assim, então por que *escolheria* passar por isso?" Só que ninguém as obrigou a colocar uma aliança no dedo nem enfiou o segundo hambúrguer em suas mãos. Ninguém as obrigou a aceitar o emprego que não vai dar em nada. Ninguém as obrigou a matar aula, faltar a treinos ou parar de frequentar a igreja. Ninguém as obrigou a varar a madrugada jogando videogame em vez de priorizar oito horas de sono. Ninguém as obrigou a beber aquela última cerveja nem a gastar até seu último centavo.

Ainda assim, elas acreditam plenamente naquilo que dizem. E eu acredito que elas acreditem nisso. Elas sentem como se a vida simplesmente acontecesse. Acham de verdade que não tiveram nenhuma escolha sobre o próprio destino.

E quer saber de uma coisa? Em parte, elas têm razão.

Nenhum de nós escolhe de onde vem. Eu cresci em um pequeno vilarejo na Áustria, no começo da Guerra Fria. Minha mãe era muito amorosa. Meu pai era muito rígido e fisicamente abusivo em certos momentos, mas eu o amava muito. Era complicado. Tenho certeza de que a sua história também é complicada. Aposto que crescer foi mais difícil do que as pessoas ao seu redor acham. Não podemos mudar essas histórias, mas podemos escolher para onde vamos a partir daí.

Há motivos e explicações para todas as coisas que aconteceram conosco até este ponto, sejam elas boas ou ruins. Entretanto, em grande parte, não foi porque não tivemos escolha. Sempre temos uma escolha. O que nem sempre temos, a menos que criemos isso, é uma forma de ponderar nossas decisões.

É isso que a visão clara oferece: um jeito de decifrar se uma decisão será benéfica ou não, com base no fato de ela aproximar ou afastar você dos rumos que deseja que sua vida tome. A imagem mental do seu futuro ideal fica mais embaçada ou mais nítida por causa dessa atitude que você está prestes a tomar?

As pessoas mais felizes e bem-sucedidas do mundo fazem um esforço sobre-humano para evitar decisões ruins que deixem determinada situação mais confusa e as afastem de seus objetivos. Em vez disso, elas se concentram em tomar decisões que agreguem mais clareza à sua visão e as ajudem a conquistá-la. Não importa se estão almejando algo pequeno ou imenso, o processo de tomada de decisão é sempre o mesmo.

A única diferença entre nós e elas, entre mim e você, entre quaisquer duas pessoas, é a clareza da imagem que temos para nosso futuro, a força do nosso plano para alcançá-lo e se aceitamos que a decisão de tornar essa visão uma realidade é apenas nossa e de mais ninguém.

Então, como fazer isso? Como criar uma visão clara do zero? Acredito que existam dois métodos. Você pode começar aos poucos e ir fazendo acréscimos até uma imagem ampla e clara se revelar. Ou pode começar com uma imagem mais ampla e, como a lente de uma câmera, ir dando zoom até uma imagem clara entrar em foco. Foi assim que aconteceu comigo.

COMECE COM UMA IMAGEM MAIS AMPLA E DÊ UM ZOOM

A primeira visão que tive para minha vida foi muito ampla. Ela mostrava os Estados Unidos. Nada mais específico do que isso. Eu tinha 10 anos. Havia acabado de começar a estudar em Graz, a cidade grande ao leste da minha. Naquela época, parecia que eu encontrava os fatos mais incríveis sobre os Estados Unidos onde quer que eu olhasse: nas aulas da escola, nas capas de revista, nos noticiários que passavam antes dos filmes no cinema.

Havia imagens da Golden Gate Bridge e daqueles Cadillacs com as barbatanas compridas na traseira correndo por imensas estradas com seis pistas. Eu assistia aos filmes produzidos em Hollywood e a astros do rock em talk shows filmados em Nova York. Via o Chrysler e o Empire State, que faziam o prédio mais alto da Áustria parecer um armazém. Via ruas ladeadas de palmeiras e moças lindas em Muscle Beach.

Eram os Estados Unidos em som surround. Tudo era grande e brilhante. Para uma criança fácil de impressionar como eu, aquelas imagens eram como um Viagra para os sonhos. E elas deviam ter um alerta, porque as visões que criavam da vida nos Estados Unidos *não* desapareciam após quatro horas.

Eu sabia: aquele era o meu lugar.

E o que fazer lá? Eu não tinha a menor ideia. Como mencionei, era uma visão ampla. A imagem estava muito embaçada. Eu era jovem. Do que eu sabia? No entanto, acabei aprendendo que é assim que algumas das imagens mais fortes surgem. Das nossas obsessões da juventude, antes de nossas opiniões sobre elas serem afetadas pelo julgamento dos outros. Ao falar do que fazer quando bate a insatisfação com a vida, o famoso surfista de ondas gigantes Garrett McNamara sugeriu "voltar a quando você tinha 3 anos de idade, pensar no que adorava fazer, entender como fazer daquilo a sua vida, montar um plano e segui-lo". Ele descreveu o processo de criar uma visão, e acho que está absolutamente certo. É óbvio que não é tão fácil, mas é bem simples, e é um processo que você pode iniciar olhando para o passado e pensando de forma bem ampla nas coisas que você amava. Suas obsessões são uma pista da visão mais antiga que teve para si mesmo, caso você tivesse prestado atenção nelas desde o começo.

É como aconteceu com Tiger Woods, que demonstrou suas habilidades como golfista no *The Mike Douglas Show* quando tinha apenas 2 anos de idade. E com as irmãs Serena e Venus Williams. Muita gente não sabe disso, mas o pai delas, Richard, colocou todos os cinco filhos para jogar tênis quando eram pequenos, e todos eram talentosos. Porém apenas Venus e Serena demonstraram paixão pelo esporte. *Obsessão.* Foi assim que o tênis se tornou a base para como elas cresceriam e como veriam a si mesmas.

O mesmo aconteceu com Steven Spielberg. Ele não era louco por filmes quando pequeno. Ele gostava de televisão. Então seu pai ganhou uma pequena filmadora 8mm de presente de Dia dos Pais para registrar as viagens da família, e Steven começou a brincar com ela. Mais ou menos na mesma idade em que eu estava aprendendo sobre os Estados Unidos, Steven descobriu a arte de fazer filmes. Ele fez o primeiro aos 12 anos. Aos 13, filmou outro que ganhou uma medalha de honra ao mérito dos escoteiros por fotografia. Ele até levava a câmera nas viagens dos escoteiros. Fazer filmes foi a primeira orientação na vida de Steven, que tinha acabado de se mudar para o outro lado do país com a família, trocando Nova Jersey pelo Arizona.

Sua visão não foi se mudar para Hollywood. Não foi vencer um Oscar de melhor filme ou melhor diretor. Não foi ser rico e famoso nem trabalhar com astros do cinema. Essas ambições mais específicas vieram depois. No começo, sua visão era apenas fazer filmes. Era ampla e generalizada, assim como foi para Tiger (golfe), Venus e Serena (tênis) e para mim (Estados Unidos).

Isso é bem normal. Para a maioria de nós, é necessário. Qualquer coisa mais detalhada se torna complicada rápido demais, e você acaba metendo os pés pelas mãos. Começa a perder passos importantes no mapa. Ter uma visão ampla oferece um ponto fácil, mais acessível, por onde começar na hora de identificar onde e como dar um zoom.

Isso significa não que sua visão se torna mais limitada, mas sim mais específica. A imagem fica mais nítida. É como dar zoom no mapa-múndi enquanto você tenta montar o itinerário de uma viagem. O mundo é formado por continentes. Dentro dos continentes há países, dentro dos países há estados ou províncias, e dentro deles há cidades e vilarejos. E é possível continuar. Dentro das cidades há bairros, dentro dos bairros há quarteirões. Os quarteirões são unidos por ruas. Se você é turista e só quer ver o mundo, pode pular de país em país ou de cidade em cidade sem que isso faça diferença. Você não precisa prestar muita atenção em nada. Mas, se você realmente quiser conhecer um lugar e aproveitar ao máximo a experiência, se talvez até pretender chamar o lugar de lar um dia, é melhor percorrer as ruas, conversar com os habitantes locais, explorar cada viela, aprender os costumes e experimentar coisas novas. É aí que o itinerário que você está tentando criar – ou o plano que você está tentando construir para alcançar sua visão – de fato começa a ganhar forma.

Meu plano se moldou ao redor do fisiculturismo, depois que a primeira imagem clara do meu futuro entrou em foco. Eu era adolescente e vi o Mister Universo da época, o grande Reg Park, na capa de uma das revistas de fisiculturismo de Joe Weider. Naquele verão, eu tinha acabado de vê-lo interpretando Hércules em *Hércules na conquista de Atlântida*. A matéria explicava como Reg, um garoto pobre que fora criado em um bairro humilde na Inglaterra, havia descoberto o fisiculturismo e feito a transição para a carreira de ator após vencer o concurso de Mister Universo. No mesmo instante, eu entendi: aquele seria o meu caminho para os Estados Unidos.

Para você, o caminho será diferente; o destino também. Talvez envolva uma escolha de carreira e uma mudança de cidade. Talvez envolva um hobby que você queira transformar em estilo de vida ou uma causa que deseja transformar na sua missão. Não existe resposta errada, contanto que ela melhore o foco da sua visão e deixe mais claros os passos necessários para alcançá-la.

Mesmo assim, essa parte pode ser muito difícil para as pessoas, até para aquelas com visões mais amplas. Hoje em dia, quando vou à academia, por exemplo, às vezes vejo alguém vagando sem rumo, indo aleatoriamente de um aparelho para outro como uma bolinha de pingue-pongue, e fica claro que seu treino não segue plano nenhum. Eu me aproximo dessa pessoa, e nós conversamos. Já fiz isso muitas vezes, e é sempre a mesma coisa.

– Qual é o objetivo do seu treino? – pergunto.

– Ficar em forma – costuma ser a resposta.

– Sim, ótimo, fantástico, mas ficar em forma para quê? – questiono.

Essa é uma pergunta importante, porque "em forma" pode ter significados diferentes. A forma de um fisiculturista não vai ajudar em nada se você for alpinista. Na verdade, será dolorido ter que carregar toda a massa extra. Do mesmo jeito, a forma de um maratonista de longa distância é inútil se você for um lutador que precisa de força bruta e de uma rapidez explosiva.

A pessoa para e começa a gaguejar, buscando a resposta que acha que quero escutar. Mas eu fico em silêncio, não facilito a situação. Depois de um tempo, a maioria acaba me dando uma resposta sincera.

– Meu médico disse que preciso perder nove quilos para controlar a pressão arterial.

– Só quero ficar com o corpo bonito para ir à praia.

– Tenho filhos pequenos e quero conseguir correr atrás deles e brincar com eles.

Todas essas respostas são ótimas. Cada uma delas me permite ajudar. Esse tipo de zoom faz com que a visão das pessoas se torne mais específica, focando nos exercícios mais apropriados para alcançar seus objetivos.

Para o fisiculturismo, dar esse zoom é essencial. Não apenas nas conquistas específicas que alguém queira alcançar como fisiculturista, mas também nos passos que essa pessoa precisa tomar na academia para alcançá-las. Quando cheguei aos Estados Unidos com 21 anos, no outono de 1968, e comecei a treinar na

Gold's Gym em Venice Beach, sob o comando do grande Joe Weider, eu já tinha conquistado uma série de títulos, incluindo o Mister Universo daquele ano, na minha estreia profissional. Os títulos chamaram a atenção de Joe e foram passos no caminho que acabou me trazendo para os Estados Unidos. Mas não foram os últimos passos. Não foi porque eu já tinha me tornado um campeão que Joe pagou minha vinda para o país. Ele investiu em mim porque acreditava que eu podia ser *mais* do que um campeão. Eu ainda era muito jovem para os padrões do fisiculturismo. Também tinha uma vontade insaciável de trabalhar muito e um desejo louco de me destacar. Joe enxergou tudo isso em mim e achou que eu tinha uma chance real de me tornar o melhor fisiculturista do mundo, talvez até de todos os tempos. E ele me ajudaria a dar um zoom ainda maior para realmente entender o que era necessário para me tornar o melhor de todos.

Eu estava nos Estados Unidos, eu era o Mister Universo, e o trabalho estava apenas começando.

CRIE ESPAÇO E TEMPO

É claro que nem todo mundo começa a desenvolver uma noção do que deseja fazer da vida aos 15 anos, como aconteceu comigo. Eu tive sorte. Cresci em um vilarejo pequeno com ruas de terra, em uma casa sem água encanada nem tubulação de esgoto. Eu tinha tempo e espaço de sobra para sonhar acordado e deixar minha imaginação correr solta. Eu era uma página em branco. Tudo poderia me impressionar. E me impressionava.

Imagens dos Estados Unidos. Brincar de gladiador no parque com meus amigos. Ler matérias do jornal para a escola sobre um levantador de peso que quebrara recordes. Descobrir que um dos meus amigos conhecia o Mister Áustria, Kurt Marnul, e que ele treinava bem ali, em Graz. Assistir a *Hércules na conquista de Atlântida* e descobrir que Hércules era interpretado pelo Mister Universo e que o ator que havia interpretado Hércules antes dele, Steve Reeves, também fora Mister Universo. Por fim, encontrar por acaso uma das revistas de fisiculturismo de Joe Weider com Reg na capa e ficar sabendo que ele vinha de uma cidade pequena e humilde, assim como eu.

Todas essas coisas foram momentos de inspiração que me marcaram. Elas se juntaram não apenas para criar a primeira visão que tive, mas também para deixá-la mais clara e nítida, e isso me daria algo específico para almejar nos vinte anos seguintes.

Para muitas pessoas, encontrar esse tipo de visão é um processo de descoberta a longo prazo que leva anos, às vezes décadas. Algumas nunca conseguem. Elas vivem sem ter uma visão. Sem nem mesmo memórias de uma obsessão inicial da juventude que poderia se tornar uma visão na vida adulta. Essas memórias e as possibilidades que carregam foram dissipadas pela distração que todos os nossos aparelhos causam. Elas foram apagadas por todas as coisas que fazem as pessoas se sentirem impotentes, como se a vida simplesmente estivesse passando diante de seus olhos.

Isso é trágico, mas também é totalmente inaceitável ficar sentado sem fazer nada. Bancar a vítima. Só você é capaz de criar a vida que deseja para si mesmo – ninguém vai fazer isso por você. Se, por algum motivo, você ainda não sabe como seria essa vida, tudo bem. Estamos aqui agora. As decisões que você tomar a partir deste momento são as que importam. E há duas coisas que você deveria fazer.

Primeiro, determine pequenos objetivos para si mesmo. Não se preocupe com as coisas importantes e mais complexas agora. Foque em fazer melhorias e acumular conquistas a cada dia. Podem ser objetivos de treino, de nutrição. Podem ser objetivos de networking, de leitura ou de organização da sua casa. Comece a fazer coisas de que gosta ou que lhe deem orgulho de ter realizado. Faça essas coisas todos os dias, com um pequeno objetivo atrelado a elas, e observe como isso muda seu foco. De repente, você se pegará encarando a vida de outra forma.

Depois de desenvolver um ritmo com esses pequenos objetivos diários, crie objetivos semanais, depois mensais. Em vez de dar um zoom em uma visão ampla, construa sua vida a partir desse começo menor e deixe sua visão se abrir para aquilo que surgir à sua frente. Quando ela se abrir e a sensação de inutilidade for perdendo força, esse será o momento de dar o segundo passo: deixe os aparelhos de lado e crie tempo e espaço na sua vida, por mais que sejam breves ou curtos no começo, para deixar a inspiração surgir e para o processo de descobertas acontecer.

Sei que não é tão fácil quanto parece. A vida fica tumultuada e complicada conforme você envelhece. Pode ser difícil encontrar tempo e espaço e não sentir que está abandonando responsabilidades maiores, ainda mais agora que você tem seus pequenos objetivos diários, semanais e mensais para cumprir. E adivinha só: é difícil no começo. Mas sabe o que é ainda mais difícil? Ter uma vida que você odeia. Isso, sim, é difícil. Em comparação, o que estou pedindo que você faça é moleza.

E você pode fazer isso com uma atividade que é moleza mesmo. Muitos dos grandes pensadores, líderes, cientistas, artistas e empreendedores encontraram suas melhores inspirações enquanto davam uma caminhada.

Beethoven costumava caminhar carregando partituras em branco e um lápis. O poeta romântico William Wordsworth escrevia enquanto dava voltas em um lago próximo à sua casa. Antigos filósofos gregos como Aristóteles davam aulas aos alunos durante longas caminhadas com eles, muitas vezes elaborando suas ideias ao mesmo tempo. Dois mil anos depois, o filósofo Friedrich Nietzsche diria: "Apenas as ideias que surgem durante caminhadas têm algum valor." Einstein refinou muitas de suas teorias sobre o universo enquanto andava pelo campus da Universidade de Princeton. O escritor Henry David Thoreau dizia: "No instante em que minhas pernas começam a se mover, meus pensamentos começam a fluir."

Essas são pessoas muito impressionantes que viram o poder de criar tempo e espaço na vida diária para dar uma caminhada. Mas você não precisa ser um gênio nem um prodígio para que as caminhadas sejam úteis ou transformadoras. Há muitas evidências do poder de uma caminhada para aumentar a criatividade, inspirar novas ideias e mudar a vida das pessoas, não importa quem sejam. Um estudo de 2014 elaborado por pesquisadores da Universidade Stanford mostrou que caminhar aumentou o pensamento criativo de 100% dos participantes do estudo que fizeram caminhadas enquanto completavam uma série de tarefas criativas. Fora isso, existem muitos relatos informais. Se você fizer uma busca rápida no Google pelas palavras "caminhada" e "mudar", encontrará uma avalanche de artigos com títulos do tipo "Como fazer caminhadas mudou a minha vida". Eles são escritos por vários tipos de pessoas: homens e mulheres, jovens e idosos, atletas e sedentários, estudantes e profissionais, estadunidenses, indianos, africanos, europeus, asiáticos... tem de tudo.

Dar uma caminhada ajudou essas pessoas a mudar a rotina e os hábitos; a encontrar soluções para problemas complicados; a processar traumas e tomar decisões importantes. No caso de um australiano chamado Jono Lineen, aconteceu uma soma de tudo isso. Aos 30 anos, ele decidiu caminhar por toda a extensão do Himalaia ocidental – mais de 2.700 quilômetros – sozinho. A primeira pessoa a fazer isso sem companhia. Seria uma forma de se testar.

Ele passou meses caminhando até 40 quilômetros por dia, sem nada além dos próprios pensamentos e da beleza estonteante do Himalaia ao redor. Ele não conseguia fugir de nenhuma dessas duas coisas. Com o tempo, teve uma revelação. Ele não estava ali para se testar, mas para se consertar. "Entendi que o que eu estava fazendo nas montanhas era tentar encontrar uma forma de aceitar a morte do meu irmão mais novo", escreveu ele em uma matéria de 2021 sobre a experiência. Os anos após a morte do irmão tinham sido difíceis. Ele estava perdido em uma espiral de tristeza, e a experiência simples, ainda que difícil, de caminhar pelo Himalaia lhe deu alguma clareza para ajudá-lo a dar a volta por cima.

Anos depois, Jono passou por outra experiência transformadora, desta vez caminhando 800 quilômetros do Caminho de Santiago de Compostela, a famosa peregrinação católica que cruza o norte da Espanha. "Eu estava preso em um trabalho muito estressante em Londres e precisava de uma folga", disse ele. Ao fim do Caminho, após quase três semanas atravessando campos, passando por cidadezinhas, subindo e descendo montanhas e vales, ele tomou a decisão de pedir demissão do trabalho. "A mudança fez minha vida tomar rumos novos e maravilhosos, e sou grato à caminhada por ter me ajudado a conquistar isso."

A experiência de Jono não é exceção. Mais de 300 mil pessoas do mundo inteiro percorrem o Caminho todos os anos, menos de um terço delas por motivos apenas religiosos. A grande maioria tem outras razões. Como as de Jono. Como as suas, provavelmente. Essas pessoas buscam inspiração, desejam alguma mudança, e caminhadas são uma ótima forma de encontrar isso.

Ao longo dos anos, usei a academia como um lugar para pensar. Quando vou esquiar, aproveito os dez ou quinze minutos no teleférico como um tipo de espaço sagrado para deixar minha mente vagar. Também faço isso quando ando de bicicleta. Ninguém vai puxar conversa enquanto você estiver pedalando, então é possível deixar seus pensamentos vagarem por onde eles quiserem. Hoje em dia, crio espaço para a inspiração ao entrar na jacuzzi todas as noites. Tem alguma coisa especial na água quente e no vapor, no zumbido dos jatos de água e na agitação das bolhas. A sensação de flutuar, de *não* sentir o peso do meu corpo, aguça todos os meus outros sentidos e me conecta com tudo ao redor. A jacuzzi me dá vinte a trinta minutos de clareza mental. É nela que consigo pensar melhor. Foi na jacuzzi que tive a ideia para o meu discurso ao povo dos Estados Unidos após os eventos de 6 de janeiro de 2021.

Assim como a maioria das pessoas, assisti à invasão do Capitólio pela televisão, me aprofundando nos fatos pelas redes sociais. E, assim como a maioria das pessoas, senti uma mistura de emoções. Descrença. Frustração. Confusão. Raiva. E, por fim, tristeza. Fiquei triste por nosso país, porque aquele dia foi sombrio, mas também me senti mal por todos os homens e mulheres, jovens e idosos, que as câmeras encontraram conforme as emissoras cobriam o momento histórico e transmitiam o rosto de todos exibindo raiva, desespero, alienação, para todo o planeta. Querendo ou não, aquela seria a marca que aquelas pessoas deixariam no mundo. Aquele seria seu legado.

Pensei muito nelas naquela noite, sentado na jacuzzi, deixando os jatos relaxarem os músculos do meu pescoço e dos meus ombros, que estavam tensos pelo estresse do dia. Aos poucos, cheguei à conclusão de que as cenas daquele dia não eram um exercício de discurso político, não eram uma tentativa de renovar a árvore da liberdade com o sangue de patriotas e tiranos, como Thomas Jefferson diria... Era um pedido de ajuda. E eu queria ajudar aquelas pessoas.

Desde 2003, esse é o foco da minha vida. Ajudar pessoas. Serviço público. Usar o poder que acompanha a fama e um cargo político para fazer a diferença na vida do máximo de pessoas possível. Essa foi a direção que a minha visão tomou para o terceiro ato da minha vida.

Porém aquilo era algo diferente. Algo mais. Eu assistia a todos os vídeos e lia atualizações em tempo real via Twitter e Instagram de pessoas que estavam lá. Manifestantes. Policiais. Espectadores. Jornalistas. Se eles podiam me alcançar pelas redes sociais, pensei, eu também poderia alcançá-los.

Uma imagem se materializou na minha mente com muita rapidez. Eu conseguia me ver sentado à minha mesa, segurando a espada de *Conan, o Bárbaro*, fazendo um discurso que passava por cima de todas as bobagens que nos dividiam, usando minha plataforma de um jeito inédito para mim. Naquele domingo, fiz um discurso no meu Instagram, na esperança de que, ao falar diretamente para as pessoas que estavam sofrendo mais, eu pudesse ajudá-las, contando que talvez elas conseguissem se curar. Contei a minha história. Falei da promessa dos Estados Unidos. Em seguida, ergui a espada de Conan, do jeito que tinha imaginado alguns dias antes. Descrevi como aquela espada poderia ser uma metáfora para nossa democracia, se permitíssemos. Expliquei que quanto piores são as condições pelas quais uma espada passa durante sua criação – sendo esquentada, esmurrada, esfriada, lixada várias e várias e várias vezes –, mais forte, afiada e resistente ela se torna.

Chamei o discurso de "Um coração servil", não apenas porque era isso que todos nós precisávamos ter para conseguir atravessar um momento tão sombrio na nossa história, mas também porque eu sentia que devia isso ao país. Desde que tinha 10 ou 11 anos, eu via os Estados Unidos como o melhor país do mundo, como a maior democracia do mundo. Tudo que eu tinha, tudo que eu fizera, a pessoa que eu havia me tornado: os Estados Unidos tornaram tudo isso possível. Era o único lugar no planeta onde eu poderia ter transformado minha visão em realidade. Agora, ele estava sendo ameaçado, e eu, com um coração servil, queria protegê-lo. Um "coração servil" também descrevia a visão que eu começava a desenvolver de como usar minha presença nas redes sociais para ajudar o máximo de pessoas possível, em todo o mundo, e fazer isso de forma mais direta do que nunca.

Era a evolução de uma visão de vinte anos sobre serviço público para criar o quarto ato, que jamais teria acontecido se eu não tivesse o hábito de criar espaço todos os dias para pensar e deixar a inspiração e novas ideias fluírem.

Fazer uma caminhada, ir à academia, ler, andar de bicicleta, tomar banho de jacuzzi, não importa o que você vai fazer. Quando estiver se sentindo empacado, quando tiver dificuldade para elaborar uma visão clara para a vida que você deseja, tudo que me interessa é que você crie pequenos objetivos para si mesmo, para começar a gerar ímpeto, e que você encontre tempo e espaço todos os dias para pensar, sonhar acordado, olhar ao redor, estar presente no mundo, deixar a inspiração e as ideias chegarem. Se você não conseguir encontrar aquilo que está procurando, pelo menos se permita ser encontrado.

VEJA DE VERDADE

Quando digo que eu conseguia me ver sentado à mesa do meu escritório em casa, dando meu discurso de 6 de janeiro, digo isso literalmente. Eu via a cena com muita nitidez, como um filme passando na minha mente. Isso acontece comigo desde que me entendo por gente, com todas as visões importantes que já tive para mim mesmo.

Quando eu era garoto, conseguia me *ver* nos Estados Unidos. Não tinha a menor ideia do que estava fazendo nessa visão, mas eu estava lá. Conseguia sentir o sol na pele, a areia entre os dedos dos pés. Conseguia sentir o cheiro do mar e ouvir as ondas – apesar de nunca ter tido essas experiências na vida. O mais perto que chegávamos de ondas era jogar pedras grandes nas águas profundas do Thaler See, um lago artificial próximo a Graz, e observar as ondulações que se aproximavam das margens. Quando finalmente cheguei à Califórnia, descobri que todas as minhas suposições estavam erradas, algumas para melhor e outras para pior (detesto areia), mas o fato de eu ter impressões tão nítidas foi um motivo importante para eu ter conseguido chegar à Califórnia para começo de conversa.

Quando me apaixonei pelo fisiculturismo, eu não tinha nem a mais vaga esperança de me tornar campeão. Eu tinha uma visão muito específica, que peguei emprestada das fotos de revistas de caras como Reg Park comemorando suas vitórias. Eu conseguia me ver no topo do pódio, segurando o troféu de vencedor. Conseguia ver os outros competidores nos degraus mais baixos, me fitando com inveja, mas também com fascínio. Conseguia ver os sorrisos tensos, conseguia até ver as cores das sungas. Eu conseguia ver os juízes se levantando e aplaudindo. Conseguia ver a multidão enlouquecida gritando meu nome. "Arnold! Arnold! Arnold!" Não era uma fantasia. Era uma lembrança que ainda não tinha acontecido. Era isso que parecia para mim.

Como ator, antes mesmo de conseguir o primeiro papel como protagonista, eu conseguia ver meu nome acima do título em pôsteres de filmes e nos letreiros de cinema, da mesma forma que vira os nomes de Clint Eastwood, John Wayne, Sean Connery e Charles Bronson acima do título dos seus filmes, que eu amava. Desde muito cedo, produtores e diretores de elenco ficavam tentando me convencer a diminuir meu nome para Arnold Strong ou qualquer coisa parecida, porque diziam que Arnold Schwarzenegger era muito difícil de falar. Era longo demais, diziam. O que eles não sabiam, mas que eu enxergava claro como o dia, era que Schwarzenegger, assim sozinho, fica legal demais em letras MAIÚSCULAS em cima do nome de um filme.

Com a política foi a mesma coisa. Durante anos, tive ótimas

experiências ajudando a comunidade. Trabalhei com atletas com deficiências da Special Olympics e com jovens em situação de risco em programas extracurriculares. Tive a honra de ser nomeado presidente do Conselho de Condicionamento Físico e Esportes da Presidência em 1990 e viajar por todos os cinquenta estados americanos, organizando encontros que tinham o objetivo de deixar nossas crianças mais em forma. Eu estava aprendendo que podia causar impacto em grande escala e comecei a pensar como poderia ajudar ainda mais pessoas, inclusive entrando para a política.

Fazia um tempo que eu considerava a ideia de me candidatar, mas a visão de como isso aconteceria ainda não estava clara. A imagem estava desfocada. Quero concorrer ao congresso? Ou me tornar um megadoador de campanhas? Algumas pessoas sugeriram uma candidatura à prefeitura de Los Angeles, mas quem em sã consciência ia querer esse trabalho ingrato? Eu não conseguia imaginar uma coisa dessas. Então, em 2003, os eleitores da Califórnia propuseram que o governador, Gray Davis, se afastasse do cargo. O estado estava um desastre total. Pessoas e empresas estavam indo embora. Havia apagões por todo lado. Os impostos estavam galopantes. Toda semana, uma nova notícia ruim era publicada sobre a Califórnia, e toda semana eu ficava mais irritado, torcendo mais e mais para que o governador de fato se afastasse. Quando ficou evidente que isso aconteceria, a imagem imediatamente entrou em foco. Eu conseguia me ver sentado à mesa do governador em Sacramento, me reunindo com a câmara legislativa controlada por democratas, trabalhando em prol do povo, colocando a Califórnia de volta nos trilhos. Eu ia me candidatar e ia vencer.

A imagem na minha mente era tão clara que seria possível emoldurá-la e pendurá-la em uma parede. Nesse sentido, era muito parecida com a visão que eu teria em janeiro de 2021. Eu conseguia ver a mesa. Conseguia ver o que havia na mesa. Conseguia ver minhas roupas. Conseguia ver onde as câmeras estariam, onde a iluminação deveria ficar. Eu conseguia ver e sentir a espada de Conan nas mãos. Eu conseguia escutar como minha voz aumentaria e diminuiria enquanto eu falava sobre os problemas sérios que encarávamos e oferecia soluções.

Antes de eu prosseguir, sei que tudo isso parece muito com besteiras místicas e muitos livros que são escritos por farsantes. Não se trata disso. Não estou dizendo que, se você visualizar o que deseja, seu sonho vai se realizar. De jeito nenhum. Você precisa criar um plano, se esforçar, aprender, fracassar, depois aprender e se esforçar e fracassar mais um pouco. É assim que a vida funciona. Essas são as regras.

O que estou dizendo é que, se você quiser realizar sua visão, se quiser aumentar as chances de seu sucesso se concretizar exatamente como você imaginou quando fez planos para sua vida, então precisa tornar claríssima sua visão e tatuá-la em suas pálpebras.

Você precisa ENXERGÁ-LA.

Atletas de elite entendem isso. Eles são mestres em visualizar seus objetivos. Na verdade, a visualização é a grande diferença entre os bons e os melhores atletas nos níveis mais avançados em praticamente todos os grandes esportes internacionais. O nadador olímpico Michael Phelps era famoso, desde a adolescência, por visualizar seu tempo em cada treino com uma margem de erro de um décimo de segundo e acertá-lo em todas as voltas. Antes de cada tacada, o golfista australiano Jason Day se posiciona atrás da bola, fecha os olhos e visualiza sua abordagem – desde a posição inicial, o *backswing*, até o momento do contato, imaginando a bola acertando o alvo. Durante várias temporadas de circuito mundial, Sebastian Vettel, ex-piloto alemão de Fórmula 1, era conhecido por ficar sentado de olhos fechados no carro antes dos treinos classificatórios, visualizando todas as curvas, todas as mudanças de marcha, todas as áreas em que deveria acelerar ou frear. Hoje em dia, praticamente todos os pilotos de Fórmula 1 conseguem fechar os olhos, esticar as mãos como se segurassem um volante e levar você para dar uma volta nas pistas que visitam a cada circuito.

Isso acontece porque o que eles fazem em um nível avançado é muito difícil. Apenas para ser parte da elite e ser competitivo, é necessária uma quantidade absurda de esforço, habilidade e prática. Se você quiser vencer, precisa de mais do que apenas habilidade e vontade. Não dá para simplesmente torcer para correr com os melhores. Você precisa enxergar como chegará lá. Nos treinos dos maiores praticantes de MMA, no fim de uma luta com três ou cinco rounds, eles se levantam e dão a volta no tatame com os braços erguidos em vitória. Eles estão visualizando o resultado da próxima luta. "Você consegue 'ser' aquilo que consegue 'ver'", como diz a famosa frase do psicólogo esportivo Don Macpherson. Você precisa conseguir enxergar o que deseja alcançar antes de fazer isso, não enquanto tenta alcançar. Essa é a diferença.

Por mais importante que seja saber como é o sucesso, é igualmente importante saber como ele não é. Há muitas coisas que você pode acabar aceitando neste mundo que oferecerão versões baratas dos seus objetivos, mas que vão tirá-lo do rumo certo se a imagem mental que você tem da sua vida estiver embaçada, ainda que só um pouco. Saber o que é sucesso e o que não é dá uma clareza cristalina à sua visão. E descobri que essa clareza gera calma, porque quase todas as perguntas ficam mais fáceis de responder.

Em 1974, após eu vencer meu quinto concurso seguido de Mister Olympia, recebi um telefonema do pioneiro do condicionamento físico Jack LaLanne. Jack inventou uma série de aparelhos de exercício, além do conceito de academias de ginástica. Na época, ele era dono de duzentas academias e queria que eu fosse seu porta-voz. Eu seria uma espécie de embaixador do condicionamento físico, fazendo turnês promocionais e alguns anúncios. Para isso, eu receberia 200 mil dólares por ano. Em 1974, era muito dinheiro. Continua sendo muito dinheiro. Na época, o máximo que fisiculturistas ganhavam era 50 mil por ano. A oferta era fantástica. E eu a recusei sem nem pestanejar.

Ser porta-voz nacional de uma rede de academias de ginástica não fazia parte da minha visão. Eu não achava que seria um trabalho vergonhoso nem que eu poderia arrumar coisa melhor ou algo do tipo. Jack LaLanne era um herói para todo mundo que se interessava pelo mundo fitness. O problema era que aceitar sua oferta me impediria de trabalhar no cinema, que era a visão que eu tentava alcançar naquele momento da minha carreira de fisiculturista. Saber disso tornou muito fácil dizer não. Eu me sentia confortável com a ideia de recusar tanto dinheiro e o tipo diferente de fama que o trabalho traria. Eu estava calmo, sabendo que tinha perdido algo que seria uma oportunidade fantástica, mas também uma grande distração.

Se você não conseguir ver sua visão por completo – se não conseguir imaginar o que é ou não sucesso –, vai ser muito difícil avaliar oportunidades e desafios como esse. É quase impossível saber com certeza se eles o levarão até seu objetivo ou a algo próximo dele, e se "próximo" seria suficiente para você. Ter uma imagem clara na sua mente é o que ajudará você a entender se a atitude que está prestes a tomar, se a escolha que acabou de surgir no seu caminho, é a diferença entre pedir uma Coca e receber uma Pepsi ou entre partir para sua viagem dos sonhos no Havaí e aterrissar em Guam. As duas são ilhas no Pacífico, as duas têm um clima ótimo, as duas usam o dólar como moeda oficial, mas só uma tem um Four Seasons.

O mundo dos esportes é bem menos tolerante. Acomodar-se com algo que é quase o seu objetivo, que já está garantido, é a diferença entre vencer e perder. Ninguém entra em um esporte para *não* vencer. Dessa forma, por que você viveria *sem* tentar alcançar exatamente o que deseja? Esta vida não é uma prova de figurino, não é um ensaio, não é um treino, é a realidade. É a única que você tem. Então enxergue o que deseja ser... e seja.

OLHE-SE NO ESPELHO

O que você vê ao se olhar no espelho? Um vencedor ou um perdedor? Alguém feliz ou alguém triste? Alguém com visão ou alguém perdido? Aqui vai uma pergunta mais fácil: de que cor são seus olhos? E não me diga que são azuis, castanhos ou qualquer outra coisa. Essas são respostas bestas para preencher um questionário. De que cor são eles, *de verdade*?

Não é tão simples assim, né?

Muitas pessoas têm dificuldade em responder a essas perguntas. A maioria detesta se olhar no espelho. E, quando olha, quase nunca fita os próprios olhos. É desconfortável demais. Assustador demais. Porque a pessoa no espelho costuma ser um desconhecido que não se parece em nada com a pessoa que elas veem ao fechar os olhos e imaginar quem desejam ser.

Por mais incômodo que seja, você precisa se olhar no espelho todos os dias para se avaliar. Você precisa entrar em contato consigo mesmo para ter certeza de que está seguindo na direção certa. Você precisa se certificar de que a pessoa do outro lado é a mesma que você vê ao fechar os olhos e imaginar quem deseja se tornar. Você precisa saber se a sua visão se alinha com a realidade das suas escolhas.

Você precisa fazer isso para não se perder e se tornar inútil, obviamente. Mas também para não se tornar uma pessoa má. Pela minha experiência no mundo fitness, em Hollywood e na política, vi que há pessoas maravilhosas por todos os cantos. Conheci muitas delas. E também me deparei com pessoas babacas, horríveis e idiotas. Conheci muitas delas. Uma pior do que a outra. Se você acha que donos de academia são espertalhões e avarentos, espere até conhecer um executivo do cinema cheio da grana e sem um pingo de bom gosto ou um político que acha que o mundo gira ao redor dele só porque recebeu 40 mil votos num cantinho do estado. Enfrentar as partes nojentas desses mundos era como tentar atravessar um conjunto de bonecas russas cheias de porcaria e gel de cabelo. E a questão é que é muito fácil ser engolido se você não tiver autoconfiança nem certeza daquilo que deseja conquistar.

A diferença entre as pessoas boas e as más é simples e óbvia: autoconhecimento e uma visão clara. As pessoas boas sabem exatamente o que desejam alcançar e têm a disciplina de avaliar suas escolhas em relação a essa visão. Elas se avaliam com frequência. Sua visão muda conforme elas mudam, crescendo e evoluindo juntas. As pessoas boas não têm medo do espelho.

As más – essas fogem do espelho com todas as forças. Muitas delas abriram mão de sua visão há muito tempo, e, como resultado, a versão mais superficial e egoísta da visão as dominou e comanda suas atitudes. Elas nunca se esforçaram para definir seus objetivos ou dar um zoom em como sua vida poderia ser caso tivessem sido bem-sucedidas. Nunca sentiram necessidade de fazer isso. Essas são as pessoas que entraram no mercado financeiro apenas porque queriam ficar ricas. Foram para Hollywood porque desejavam ser famosas. Entraram para a política porque pretendiam ser poderosas. E sua visão nunca se aprofundou nem se expandiu, porque a versão inicial, mais ampla, deu certo. Elas alcançaram sucesso na única dimensão que importava no começo, e, sabe como é, em time que está ganhando não se mexe, certo? Mesmo que nem todo mundo ao seu redor ganhe também.

Passei toda a vida adulta me olhando no espelho. Nos últimos vinte anos, como funcionário público e filantropo, o espelho tomou a forma de eleitores, de pesquisas de intenção de voto, de estatísticas e dados. Como governador da Califórnia, como presidente do Conselho de Condicionamento Físico e Esportes da Presidência, como ativista do movimento climático, não há como fugir de números. As pessoas mostram, com palavras, votos e atitudes, o que pensam de você e das suas ideias. Elas deixam explícito se acreditam ou não no que você diz e em quem você é. Quando os dados são escancarados, quando o ponteiro se move, você descobre bem rápido se a sua visão é real ou uma fantasia.

Nos vinte anos antes disso, em Hollywood, a câmera e as telas de cinema eram o espelho. Toda visão que eu tinha para minha performance em um filme não era nada em comparação com aquilo que quinhentas pessoas sentadas juntas no escuro viam quando eu surgia com nove metros de altura na tela diante delas. A câmera não mente. Ela faz filmagens em alta definição, com foco total, em 24 frames por segundo. Em *O Exterminador do Futuro*, apareci na tela por apenas 21 minutos, porém isso ainda totaliza mais de 30 mil imagens distintas capturadas para a eternidade. O que eu achava que estava fazendo naquelas cenas só importava se a plateia visse a mesma coisa. Só então eu poderia alegar que tive sucesso. Só então eu poderia dizer que tinha alcançado minha visão como ator naquele filme.

Nos vinte anos antes disso, como fisiculturista, o espelho era um espelho literal. Eu me olhava no espelho todos os dias. Por horas. Fazia parte do trabalho. O espelho era uma ferramenta essencial. Não dá para saber se um exercício está tendo o resultado desejado se você não se observar no espelho enquanto o executa.

Não dá para saber se um músculo alcançou massa suficiente ou definição suficiente até você flexioná-lo diante do espelho. Não dá para saber se você está dominando todos os movimentos até parar na frente do espelho e fazer cada uma das poses.

Na cena de abertura de O *homem dos músculos de aço*, eu e Franco Columbu estamos em um estúdio de balé em Nova York, aprendendo sobre movimentos com uma professora. Estamos tentando melhorar nossas poses. Ela nos coloca em posições diferentes, ajustando a postura e a linha de visão, tornando nossas transições mais suaves, para deixar tudo mais fluido e impressionante. Enquanto trabalhava com a gente, ela fez uma observação incrível sobre prestar atenção em como nos movíamos entre as poses. No palco, os juízes não observam você apenas nos momentos principais, quando está completamente flexionado, quando está no auge. "O que vocês precisam ter em mente", disse ela, "é que as pessoas estão prestando atenção em vocês o tempo todo."

Ela estava completamente certa! As poses estáticas podem ser o que vai para revistas. Podem ser a imagem que as pessoas que não estavam presentes terão de você. Mas as pessoas que estão ali, as pessoas que importam, vão prestar atenção e julgar cada aspecto de como você se move e como faz a transição entre esses momentos importantes.

É uma metáfora perfeita. A vida não se resume a pontos altos ou a grandes momentos. Não se resume a coisas que acabam gravadas na memória dos outros ou registradas em fotos confinadas em álbuns. A vida também engloba os intervalos de tempo. Ela acontece tanto na transição quanto nas poses. Tudo é uma única e longa performance, e quanto maior for o impacto que você deseja causar, mais importante se torna cada um desses pequenos momentos.

O que você não vê naquela primeira cena, por causa do ângulo da câmera, é que as outras duas paredes do estúdio da instrutora são apenas espelhos. Assim como fisiculturistas, dançarinos sabem: você não consegue evoluir se não se observar em ação. Você não consegue melhorar se não avaliar seu esforço a partir da imagem do sucesso que você tem no seu coração e na sua mente. Para ter a melhor performance da sua vida, para alcançar qualquer tipo de visão, por mais louca ou impossível que seja, você precisa conseguir enxergar o mesmo que o mundo enxerga durante a sua tentativa. Isso não significa se adequar às expectativas dos outros, mas não ter medo de parar diante do espelho, se olhar nos olhos e realmente *enxergar*.

CAPÍTULO 2

JAMAIS PENSE PEQUENO

No fim de 1987, eu já tinha matado 283 pessoas. Mais do que qualquer um em Hollywood naquela época, de longe. Demorei oito filmes para alcançar esse número, mas cheguei lá. E isso significava uma coisa.

Que eu era um astro de filmes de ação. Meu nome aparecia acima do título da maioria dos meus filmes. Em grandes letras maiúsculas, do jeito que eu tinha imaginado:

SCHWARZENEGGER

Eu tinha chegado ao topo. Era isso que todo mundo me dizia. Jornalistas. Executivos do cinema. Agentes. Meus amigos. Eles falavam como se o trabalho tivesse chegado ao fim. Como se não houvesse mais nada a provar.

"O que falta o Arnold fazer agora?", perguntavam, parecendo maravilhados com tudo que eu havia conquistado, como se não conseguissem imaginar nenhuma outra coisa que me restasse fazer.

Eles estavam pensando pequeno. Meus objetivos tinham evoluído. Viviam progredindo. Outra imagem maior havia entrado em foco para mim. Eu não queria ser apenas um astro de filmes de ação com alto faturamento na bilheteria. Queria ser protagonista. Queria ser o ator mais bem-pago do mercado.

Para isso, eu precisava mostrar às pessoas que havia mais em mim do que apenas músculos e caos. Eu tinha que mostrar meu lado sentimental, meu lado dramático, meu lado engraçado, meu lado *humano*. Eu precisava fazer comédias.

Ninguém considerou uma boa ideia. Jornalistas diziam que eu seria péssimo. Executivos dos estúdios acreditavam que os espectadores não me engoliriam nesse tipo de papel. Meus agentes achavam que eu teria que aceitar uma redução no cachê. Alguns dos meus amigos pensavam que eu passaria vergonha.

Eu quis pagar para ver.

No ano anterior, eu tinha feito amizade com o brilhante produtor e diretor de comédias Ivan Reitman. Conversei com ele sobre a minha visão e o que eu queria fazer. Ele já tinha visto todos os lados que eu agora queria mostrar para o restante do mundo. E conseguiu ver. Ele viu a imagem que eu enxergava quando visualizava o próximo passo da minha jornada.

Ivan também entendia que Hollywood é um lugar cheio de gente negativa. O instinto dessas pessoas era me manter na minha área, porque isso era mais fácil de entender. *Arnold é um astro de filmes de ação, então mande mais roteiros de filmes de ação para ele.* Eu não podia procurar um monte de executivos e pedir que cogitassem me dar um papel na próxima grande comédia. Se eu quisesse estrelar comédias, precisaria apresentar o projeto e fazer com que fosse impossível recusá-lo. Foi isso que fizemos. Ivan pediu para alguns amigos roteiristas bolarem ideias, e nós dois nos reunimos e conversamos até encontrarmos uma de que ambos gostássemos e que acreditássemos que os estúdios adorariam.

Essa ideia se tornou *Irmãos gêmeos*, uma comédia sobre dois irmãos, Julius e Vincent, que foram gerados em laboratório e separados no nascimento, e que se reencontravam 35 anos depois.

Eu interpretaria Julius, o irmão "perfeito". Vincent, um criminoso cuja fiança Julius paga para tirá-lo da cadeia quando os dois se conhecem, seria interpretado por Danny DeVito.

Éramos uma equipe fantástica. Meus últimos filmes tinham sido *Comando para matar* e *O predador*. Danny havia acabado de filmar *Tudo por uma esmeralda* após cinco temporadas de *Táxi*. E Ivan tinha acabado de dirigir *Os caça-fantasmas*. Quem não iria querer fazer um filme com a gente?

Boa parte de Hollywood, no fim das contas. Todo mundo adorava a ideia, mas alguns executivos não conseguiam me ver como o protagonista de uma comédia. Eles não acreditavam que eu seria convincente ao lado de Danny, que era um comediante genial. Outros achavam que eu não seria convincente e ponto, independentemente de quem estivesse no filme comigo. E havia aqueles que entendiam a ideia e adoravam o potencial cômico da nossa parceria, mas não conseguiam bancar financeiramente um filme com possibilidade de fracasso. Nós três estávamos no auge; não éramos baratos. Se o estúdio pagasse nossos cachês de praxe, o filme ficaria muito caro e teria que ser mais do que um simples sucesso para dar o tipo de lucro que esperavam.

Eu, Ivan e Danny nos juntamos para bolar um plano. Nós adorávamos o roteiro e tínhamos certeza de que o filme seria um sucesso se um estúdio nos desse o dinheiro para produzi-lo. Só precisávamos encontrar uma forma de transformar um pessimista em um otimista. Nossa solução foi reduzir o risco do estúdio ao mínimo possível aceitando não receber nenhum pagamento adiantado. Se um estúdio concordasse em produzir o filme, nós três aceitaríamos não receber salário. Em vez disso, ficaríamos com parte dos lucros, o chamado *backend* na linguagem hollywoodiana. Só ganharíamos dinheiro se o estúdio ganhasse dinheiro.

Nós reconhecemos que seria uma tentativa ousada. Naquela

época, os estúdios quase nunca davam participação nos lucros aos atores. (E continuam sem dar.) Havia um grande risco profissional para cada um de nós nesse projeto. E, ao abrirmos mão do salário, também haveria um risco financeiro. Mas chegamos à conclusão de que, se íamos fazer aquilo, precisávamos nos comprometer de verdade.

Encontramos nosso otimista em Tom Pollock, presidente da Universal. Assim como Ivan tinha a mesma visão que eu tinha para mim mesmo como protagonista, Tom tinha a mesma visão que nós sobre o potencial de *Irmãos gêmeos*. Ele até tentou nos convencer a aceitar um adiantamento dos lucros, imagina só! Mas permanecemos firmes e mantivemos o plano inicial que havia nos levado até ali, e Tom nos deu o que queríamos.

No começo de 1988, a produção começou em Santa Fé, no Novo México. No começo de 1989, não apenas fizemos uma pré-estreia presidencial no Kennedy Center para o presidente eleito George H. W. Bush, como ultrapassamos 100 milhões de dólares nas bilheterias nacionais, meu primeiro filme a conseguir essa façanha. Até hoje, as pessoas não acreditam quando digo isso, mas *Irmãos gêmeos* foi o filme mais lucrativo de toda a minha carreira.

WENN SCHON, DENN SCHON

Só existe uma pessoa com quem trabalhei em Hollywood que é mais doida do que eu quando se trata de pensar grande: James Cameron. Eu e Jim somos amigos há quase quarenta anos. Fizemos três filmes juntos. Dois deles, *O Exterminador do Futuro 2* e *True Lies*, foram as maiores bilheterias da história na época do lançamento. *True Lies* foi o primeiro filme a ter oficialmente um orçamento de produção acima de 100 milhões de dólares.

Mas onde Jim realmente se destaca do restante de nós é na capacidade de mergulhar de cabeça em seus projetos. Ele fez isso muitas vezes. Em alemão, temos um ditado: *Wenn schon, denn schon*. Em uma tradução livre, significa: "Se você vai fazer alguma coisa, FAÇA. Vá com tudo." Jim é a personificação desse ditado. Ele sempre foi assim, desde que nos conhecemos.

Acho que é uma característica que ele desenvolveu no começo da carreira, quando fazia maquetes e era designer de produção. Esses dois trabalhos exigem que você deixe as coisas tão realistas e autênticas quanto possível. Para isso, é necessário se comprometer de verdade com sua tarefa. Não dá para fazer um trabalho meia-boca. Se você quer que aquilo que está fazendo pareça verossímil, "bom o suficiente" não é aceitável. Precisa ser sempre perfeito. Você não pode perder nem um detalhe. Os elementos grandes e os pequenos têm o mesmo peso.

O mesmo vale para o fisiculturismo. Há quatro critérios principais que são julgados em toda competição de fisiculturismo: massa, proporção, definição, presença e poses no palco. Dentro de cada uma dessas categorias, há mil coisinhas que você precisa desenvolver para tirar a maior nota possível. É preciso se concentrar nos elementos grandes e nos pequenos se quiser vencer.

Perdi a minha primeira competição nos Estados Unidos, em Miami, em 1968, porque fiquei para trás em uma das quatro categorias principais: definição. O vencedor, um cara menor chamado Frank Zane, estava com o corpo bem mais moldado que o meu. Eu estava muito reto. Eu tinha deixado passar um elemento importante. Mas, quando me mudei para Venice um mês depois e comecei a treinar na Gold's Gym, percebi que aquele elemento importante tinha dado errado porque eu estava ignorando dois elementos menores: meu abdômen e minhas panturrilhas.

Os profissionais nos Estados Unidos se concentravam mais do que na Europa nos músculos individuais do abdômen. A gente fazia abdominais e abdominais canivete, exercícios típicos para as partes superior e inferior do abdômen, mas não nos aprofundávamos mais do que isso nos treinos – ou pelo menos eu não me aprofundava – para acionar os oblíquos internos, o músculo transverso do abdômen ou o músculo serrátil nas laterais do peitoral. Dá para ver a diferença nas fotos em que estou ao lado de Frank no palco em Miami. Eu tenho um tanquinho normal, que é bonito, mas cada músculo da barriga de Frank parecia ter saído de um livro de anatomia e esculpido em granito. Eu precisava começar a fazer o que ele e outros profissionais americanos estavam fazendo, só que com mais intensidade e por mais tempo.

E havia as panturrilhas. Elas não recebiam o mesmo destaque que os músculos maiores (peitorais e dorsais) ou os "músculos de praia" (bíceps e deltoides), mas são tão importantes quanto eles se você quiser vencer. As panturrilhas são uma parte importante de criar a simetria de um corpo perfeito segundo o ideal grego. Se você quiser ser ótimo, precisa lidar com suas panturrilhas.

Infelizmente, por serem músculos de contração lenta, feitos para serem resistentes, já que os utilizamos sempre que caminhamos, as panturrilhas são notoriamente difíceis de desenvolver. Naquela época, muitos caras tinham dificuldade para ganhar massa nessa parte, então simplesmente aceitavam seu destino ou as ignoravam. É mais fácil fazer isso do que você imagina, já que elas costumam ficar cobertas por calças ou meias de ginástica, e é muito difícil conseguir ter uma boa visão delas, mesmo no espelho da academia.

Mas eu conseguia ver que as minhas não eram grandes o suficiente. Panturrilhas são basicamente os bíceps das pernas. Meus bíceps mediam 60 centímetros. Minhas panturrilhas não mediam 60 centímetros. Na minha cabeça, isso deixava o corpo desproporcional, prejudicando minhas chances de vencer o concurso Mister Olympia e me tornar oficialmente o melhor fisiculturista do mundo. Eu não seria o tipo de pessoa que deixaria isso acontecer. Eu não ia permitir que um elemento pequeno fosse ignorado e colocasse minha visão maior em risco. Vim para os Estados Unidos para ser o melhor do mundo. Se eu ia fazer aquilo, eu ia *fazer aquilo*.

No dia em que entendi a questão, cortei as pernas de todas as minhas calças de moletom para que as panturrilhas ficassem visíveis no espelho enquanto eu malhava outros grupos musculares. E comecei a malhar as panturrilhas todos os dias. Antes, eu as deixava por último. Agora, elas eram o primeiro item da lista quando eu chegava à academia. Dezenas de repetições no aparelho de panturrilha com algumas centenas de quilos. Sete dias por semana. Além de eu não conseguir evitar olhar para as minhas panturrilhas enquanto caminhava pela academia, meus competidores agora também não conseguiam evitar olhar para elas conforme começavam a crescer.

Um ano depois, ganhei o primeiro de sete títulos de Mister Olympia. Todas aquelas séries de exercícios para o abdômen e a panturrilha fizeram diferença? É provável que sim. Mas garanto que teriam feito diferença se eu *não* as tivesse feito.

Jim entende isso. Foi por isso que a produção de *Titanic* custou 200 milhões de dólares, mais do que qualquer outro filme naquela época. Quando começou a pensar em fazer *Titanic*, ele queria contar a história do naufrágio mais famoso do mundo de um jeito que ninguém tivesse visto antes, porque *ele* o vira de um jeito como quase ninguém tinha visto. Em 1995, ele entrou com tudo e mergulhou de cabeça. Em um submarino russo, foi até o fundo do mar e viu os destroços do *Titanic* com os próprios olhos. Ele queria que os espectadores sentissem o que ele sentiu ao ver aquilo. Queria que sentissem que estavam no meio do

Atlântico norte, afundando com o navio. Ele queria imergi-los na história e na extravagância do maior navio de passageiros construído. "Tem que ser perfeito", dissera ele.

Então ele fez ser perfeito. Construiu seu próprio *Titanic*. Dentro de um tanque de água gigantesco, que custou 40 milhões de dólares, em uma praia em Baja, no México. O navio tinha 236 metros de comprimento. Era uma réplica *exata* quase em tamanho real. A parte da frente se inclinava para dentro da água, e a parte posterior se soltava e virava 90 graus. Dentro do navio, ele construiu cenários que também se inclinavam. No exterior, uma plataforma abrigava um esquema elaborado de câmeras e luzes, sendo suspensa por um guindaste que movia tudo para a frente e para trás, para cima e para baixo e ao longo do casco do navio.

Era ambicioso demais. Combinado com todos os efeitos especiais que precisavam ser perfeitamente integrados aos efeitos práticos que ele e a equipe filmavam no set, havia muitas formas de aquilo dar errado. Se cada detalhe não ficasse exatamente certo, o filme poderia parecer piegas, chato ou fantasioso.

Para conseguir transformar sua visão em realidade, Jim sabia que precisava ir com tudo. Sem fazer concessões nem poupar esforços. Cada detalhe dos sets precisava ter exatidão histórica. O carpete, os móveis, a prataria, o lustre, o tipo de madeira dos corrimãos – tudo era igualzinho ao que teria sido em 1912. Todos os pratos foram estampados com o emblema da White Star Line. Ele conversou pessoalmente com todos os figurantes e deu histórias individuais a cada um. Ele foi com tudo e mais um pouco.

As filmagens levaram sete meses. O filme estreou nos Estados Unidos no dia 19 de dezembro de 1997. Faturou 28 milhões de dólares no fim de semana de estreia e ultrapassou 100 milhões até o fim do ano. Quando finalmente saiu dos cinemas, *Titanic* totalizava uma bilheteria internacional de 1,8 bilhão de dólares, transformando-se no filme mais bem-sucedido de todos os tempos. Ele manteve essa honra pelos doze anos seguintes, até ser desbancado por um longa ainda mais ambicioso, o novo projeto dele mesmo, *Avatar*.

A disposição e a capacidade de Jim de mergulhar de cabeça fizeram a diferença para *Titanic* e depois para *Avatar*? Não sei. Mas garanto que fariam diferença se ele não tivesse agido assim.

Você não deveria apenas pensar em ir atrás dos seus objetivos desse modo, mas também deveria elaborá-los dessa maneira, por maiores ou menores que eles sejam em comparação aos de outras pessoas.

Se você é a primeira pessoa da sua família a fazer faculdade, não fique enchendo a cara e enrolando até sair de lá com um canudo de papel. Sonhe em aprender algo que mudará a sua vida. Sonhe em realmente se tornar alguém melhor. Sonhe em ser um dos melhores alunos, não em apenas conquistar um diploma.

Se você quer ser policial, não almeje apenas seu distintivo ou sua pensão militar. Almeje crescer dentro da corporação. Almeje fazer o bem e servir de exemplo para os outros.

Se você quer ser eletricista ou mecânico, não almeje apenas ter sua própria oficina e fazer a escola técnica no automático ou não se dedicar aos seus estudos. Aprenda de verdade o trabalho e se esforce para se tornar tão bom a ponto de ajudar sua comunidade.

Se seu maior desejo na vida é ter filhos, não apenas pague pelas coisas e pense que sustentá-los é seu único dever. Seja um ótimo exemplo para eles, criando filhos saudáveis e amorosos que vão sair pelo mundo e fazer coisas maravilhosas.

O que estou dizendo é que, se você vai fazer alguma coisa, *faça*. Não só porque mergulhar de cabeça pode ser a garantia do sucesso, mas porque não mergulhar de cabeça com certeza garantirá seu fracasso. E não é apenas você que sofrerá por causa disso.

É como aquela frase motivacional brega: *Mire na Lua. Mesmo que você erre, acabará entre as estrelas!* Deixando de lado o fato de que a pessoa que bolou isso nunca fez uma aula de astronomia, a ideia é que, se você tiver um objetivo grandioso, dedicar-se por completo e ainda assim não conseguir conquistá-lo, tudo bem, porque é bem provável que você tenha feito algo impressionante mesmo assim: se formado na faculdade, se tornado policial, mecânico, mãe, pai e assim por diante.

Porém, o outro lado da moeda também é verdadeiro e talvez mais importante. Se você apenas almejar o objetivo menor, o maior automaticamente ficará fora de alcance, em parte porque você perde a motivação para mergulhar de cabeça e se concentrar em todos os detalhes que fazem a diferença entre ser ótimo e ser bom o suficiente.

Se eu tivesse ficado satisfeito em ser Mister Áustria ou Mister Europa, provavelmente não me preocuparia tanto com o nível de definição dos meus músculos serráteis ou com o tamanho das minhas panturrilhas e, portanto, jamais me tornaria Mister Olympia. Se Jim ficasse satisfeito em fazer um filme épico sobre o *Titanic*, ele provavelmente não se preocuparia com o logotipo em uma xícara de chá que os espectadores jamais veriam nem com a história de um figurante que não abriria a boca. E nunca teríamos *Avatar*.

Não estou dizendo que ser Mister Áustria ou fazer um filme épico sobre um naufrágio também não são visões válidas nem que o simples fato de ter um diploma, sua própria oficina ou um filho não é algo digno de orgulho. Mas nada disso é desculpa para não se entregar por inteiro. Não importa o tamanho do seu sonho: se você não se esforçar, se não mergulhar de cabeça, se não cortar as pernas das suas calças de moletom quando for necessário, você vai se decepcionar. "Nenhum homem é mais infeliz", disse o filósofo estoico Sêneca, "do que aquele que nunca enfrenta adversidades. Pois ele não pode provar sua capacidade."

IGNORE AS PESSOAS NEGATIVAS

Sempre haverá pessoas na sua vida que duvidam de você e do seu sonho. Elas dirão que é impossível. Que você não vai conseguir ou que aquilo não pode ser feito. Quanto maior for seu sonho, maior será a frequência com que isso acontecerá, e mais dessas pessoas você encontrará.

Ao longo da história, alguns dos maiores artistas e mentes criativas tiveram que lidar com gente assim, gente que não entendia. O autor de *O senhor das moscas* foi rejeitado 21 vezes pelas editoras. O primeiro livro da série Harry Potter, de J. K. Rowling, foi rejeitado 12 vezes. O grande quadrinista Todd McFarlane foi rejeitado 350 vezes por diferentes editoras de revistas em quadrinhos. Andy Warhol deu um dos seus desenhos para o Museu de Arte Moderna sem cobrar nada, e eles devolveram! Os produtores de *O poderoso chefão* demitiram Francis Ford Coppola várias vezes porque não acreditavam na sua versão da história. U2 e Madonna foram rejeitados por várias gravadoras antes de conseguirem um contrato.

O mesmo acontece no mundo dos negócios. Os fundadores do Airbnb foram rejeitados por todos os sete investidores para quem apresentaram seu projeto enquanto tentavam encontrar patrocínio. Steve Jobs foi demitido da própria empresa. A primeira empresa de animação de Walt Disney faliu. A Netflix tentou se vender para a Blockbuster por 50 milhões de dólares, e o pessoal da Blockbuster achou graça da proposta. Jack Ma, fundador do Alibaba, foi rejeitado por Harvard dez vezes e, em certo momento, não conseguia emprego nem em um KFC. Os inventores de praticamente todos os grandes avanços tecnológicos do século XX foram feitos de chacota em algum momento por serem considerados tolos, loucos ou simplesmente burros por alguém que "sabia das coisas". Arthur Jones, inventor dos aparelhos de ginástica Nautilus, recebeu uma carta de rejeição de uma pessoa negativa que dizia: "Você quer desenvolver todos os seus músculos de forma consistente e uniforme? É impossível. Isso é um fato."

Um fator em comum entre todas essas pessoas brilhantes é que, diante das dúvidas e do ceticismo, elas persistiram.

Pessoas negativas sempre existirão. Isso não significa que elas podem influenciar a *sua* vida. Não é que sejam pessoas ruins. Só não são muito úteis para alguém como você. Elas têm medo daquilo que é diferente e desconhecido. Têm medo de correr riscos e de se expor. Elas nunca tiveram a coragem de fazer aquilo que você está tentando. Elas nunca elaboraram uma visão imensa para a vida que desejam e depois bolaram um plano para torná-la realidade. Elas nunca mergulharam de cabeça em nada. Sabe como eu sei disso? Porque, se elas tivessem feito isso, jamais lhe diriam para desistir ou que você quer fazer algo impossível. Não, elas incentivariam você do mesmo jeito que estou fazendo agora!

Quando se trata de você e dos seus sonhos, as pessoas negativas não têm a menor ideia do que estão falando. E, se elas não fizeram nenhuma das coisas que você está tentando fazer, a pergunta que precisa ser feita é: "Por que eu deveria escutá-las?"

A resposta é que você não deveria. Você deveria ignorá-las. Ou, melhor ainda, escutar o que elas têm a dizer e usar isso como motivação.

Em 1975, conforme a data do meu último Mister Olympia se aproximava, dei muitas entrevistas para jornalistas de diferentes revistas de fisiculturismo e fitness, assim como para veículos maiores. Todos faziam a mesma pergunta: por que eu estava abandonando o fisiculturismo e quais eram meus próximos planos? Minha resposta sempre era a mesma. Eu contava a verdade. Eu tinha realizado todos os meus sonhos e mais um pouco no mundo do fisiculturismo. As vitórias não me davam mais a mesma alegria do começo, e, para mim, essa era a parte mais importante. Eu queria um novo desafio. Falei para eles que eu ia começar a promover concursos de fisiculturismo. E que me tornaria ator, para ser um astro.

Posso contar nos dedos da mão a quantidade de jornalistas que me escutaram falando sobre meus objetivos como ator e disseram algo semelhante ao que Ivan Reitman diria dez anos depois: "Sabe de uma coisa? Isso faz sentido." Pouquíssimos tiveram uma reação como essa. O restante sorria e revirava os olhos ou ria abertamente da ideia. Até algumas das pessoas ao redor, que assistiam à entrevista, como fotógrafos e câmeras, também riam. Dá para ouvi-los em alguns vídeos da época que ainda existem.

Mas eu não me irritei. Aceitei suas dúvidas. Eu queria ouvir a risada deles quando ouviam sobre meus planos de virar ator. Aquilo me motivava. Eu precisava daquilo. Por dois motivos.

Primeiro, assim como acontece com qualquer visão ambiciosa, ter sucesso como ator é difícil, não importa quem você seja. Meu plano para conseguir isso, com o meu currículo, seria extremamente complicado. Eu não queria me tornar apenas mais um ator coadjuvante que passa o dia inteiro dirigindo por Los Angeles para fazer testes que rendem só uma ou duas falas aqui ou ali. Eu queria ser outro Reg Park, me dedicando a papéis lendários como Hércules, ou o próximo Charles Bronson, interpretando um herói de filmes de ação que derrota vilões. No começo, eu me encontrava com diretores de elenco e produtores. Eles me escutavam descrever o que eu queria fazer e me diziam que eu poderia interpretar um cara durão, um segurança de boate ou um soldado. Eles diziam "Filmes de guerra sempre precisam de soldados nazistas!", como se isso fosse me deixar empolgado ou satisfeito. Lembro que, em uma das primeiras vezes que mencionei minha vontade de atuar, talvez até antes de vencer meu primeiro Mister Olympia, um dos caras da Gold's, que era dublê, disse: "Posso conseguir um trabalho para você no *Guerra, sombra e água fresca* agora!"

Além de todo o esforço que seria necessário para eu me tornar um bom ator – aulas de atuação, aulas de improviso, aulas de inglês e dicção, aulas de dança –, eu precisaria de toda a motivação que conseguisse reunir para passar por cima da resistência das pessoas negativas influentes ou em posição de poder que poderiam bloquear o meu caminho.

Em segundo lugar, eu precisava da dúvida e das risadas deles porque isso me ajudava. Quando eu era garoto na Áustria, todas as formas de motivação envolviam reforços negativos. Tudo sempre era negativo, desde o começo da minha infância. Um dos livros alemães mais populares na época em que eu era pequeno, por exemplo, se chamava *Der Struwwelpeter*. Ele contém dez fábulas sobre como crianças malcriadas podem destruir a vida de todo mundo com consequências horríveis. No Natal, quando São Nicolau visita sua casa para levar presentes para as crianças que se comportaram bem, ele é acompanhado por um demônio chamado Krampus, que tem chifres enormes e cujo trabalho é punir e assustar todas as crianças desobedientes. Em vilarejos pequenos como Thal, os pais visitavam as casas uns dos outros no Dia de São Nicolau usando uma máscara de Krampus para deixar os filhos dos outros morrendo de medo. O meu Krampus era nosso vizinho do andar de baixo. Meu pai era o Krampus de várias famílias do vilarejo.

O Krampus e *Der Struwwelpeter* cumpriam sua missão. Eles

mantinham as crianças na linha. Para os poucos que funcionavam de um jeito diferente, esse tipo de reforço negativo produzia outra coisa: motivação. Não para "ser bom", mas para sair dali. Para fugir, seguir para coisas melhores e mais grandiosas. Eu era uma dessas crianças que funcionavam de um jeito diferente. E, desde então, transformei qualquer tipo de negatividade direcionada a mim em motivação. A forma mais rápida de me fazer levantar 230 quilos no supino é me dizer que isso é impossível. A forma mais fácil de garantir que eu me tornaria um astro do cinema era rir quando eu falava do meu sonho e depois me dizer que eu não conseguiria.

Você tem uma escolha a tomar quando se trata das pessoas negativas que surgem no caminho dos seus objetivos. Você pode ignorá-las ou pode usá-las. Mas não pode acreditar nelas.

NADA DE PLANO B

Em 2003, quando me tornei governador, imediatamente herdei dezenas e dezenas de pessoas negativas na forma da Assembleia Legislativa da Califórnia. Os membros do Partido Democrata não queriam ouvir nada do que eu tinha a dizer porque eu era um republicano que desejava que o estado não extrapolasse o orçamento nem gastasse o dinheiro da próxima geração. Os membros do Partido Republicano não confiavam em mim por causa das minhas opiniões sobre meio ambiente, posse de armas e reformas no sistema de saúde. Era uma situação complicada, mas eu tinha que ignorá-la. Eu tinha que deixar de lado as resistências às minhas ideias. Meu trabalho era encontrar um jeito de trabalhar com todo mundo, de aprovar medidas que ajudassem os cidadãos da Califórnia.

Isso significava fazer concessões. Sempre que conseguíamos

encontrar um ponto em comum, contanto que eu não sentisse que estávamos decepcionando o povo ou tornando sua vida mais difícil, eu colaborava com a assembleia legislativa nos projetos de lei com objetivos com que concordávamos. Com o tempo, os líderes em Sacramento conseguiram ver que eu era uma pessoa razoável e ponderada. Eu não era uma marionete do meu partido; eu era confiável. Nós podíamos trabalhar juntos. Mas, nos dois primeiros anos tentando implementar mudanças, havia sempre um momento no fim das reuniões que aos poucos colocou em foco uma nova visão para o meu trabalho como governador.

Acontecia assim: eu e minha equipe nos reuníamos com um membro da assembleia para discutir um projeto de lei que eu estava propondo. Eu descrevia os custos, como aquilo ajudaria as pessoas do distrito dele, como eu ficaria grato se pudesse contar com seu apoio. O membro da assembleia dizia que fazia muito tempo que precisávamos fazer algo daquele tipo e concordava que o projeto seria bom para seus eleitores. E era nesse momento que acontecia. Ele se recostava na cadeira e dizia: "Adorei... mas não posso apresentar isso para o meu distrito."

Como eu era novato naquele tipo de política, não entendia o que estava acontecendo. Como assim você não pode apresentar o projeto para o seu distrito? Entre na droga de um avião, volte para lá, sente na sua sala, converse com seus eleitores e explique o que estamos tentando fazer em Sacramento.

Se eu apresentar isso para meus eleitores, diziam eles, vou perder a próxima eleição para alguém do meu próprio partido, porque vão dizer que meu apoio a esse projeto é prova de que não sou liberal ou conservador o suficiente. Sou uma "aposta segura", eles diziam, "e apoiar esse projeto de lei traria insegurança... *para mim mesmo*".

Eles estavam falando sobre o impacto de vir de um distrito com muitas manipulações políticas. Fiquei chocado quando descobri como essas práticas são generalizadas, não apenas na Califórnia, mas em mapas eleitorais por todo o país, em todos os níveis. E é algo que acontece há duzentos anos! Quando ficou claro para mim que um dos grandes motivos para nenhum projeto de lei significativo ser aprovado era a forma como os distritos eleitorais eram divididos – a cada dez anos, pelos mesmos políticos que se beneficiariam da redivisão dos limites –, eu percebi que precisávamos consertar esses mapas. Isso se tornou um dos meus maiores objetivos como governador.

Pela reação das pessoas de ambos os partidos quando introduzi uma reforma dos distritos a ser votada por plebiscito em 2005, parecia que eu estava confiscando o estoque grátis de broches de bandeiras dos Estados Unidos dos membros da Assembleia Legislativa. Ninguém gostou da ideia. Muitos políticos ficaram fulos da vida. Todo mundo disse que seria impossível, que não aconteceria, que eu não conseguiria.

Esse foi o primeiro erro deles. Quando venceram em 2005 e o plebiscito decidiu contra a medida de redivisão dos distritos, eles se comportaram como se a história tivesse acabado. Eles acharam que eu simplesmente desistiria e passaria para outra coisa, para outras prioridades.

Esse foi o segundo erro deles. Quando algo como uma reforma da redivisão dos distritos entra em foco na minha mente, quando isso se torna um objetivo para mim, não esqueço. Não sigo em frente. Não desisto. E não faço concessões. Não existe plano B. O plano B é ter sucesso no plano A.

Foi exatamente isso que aconteceu.

Ao longo dos três anos seguintes, retomei a proposta várias vezes. Conversei com todos que estivessem dispostos a ter uma discussão honesta e aberta sobre a situação. Pedi opiniões de todos os lados sobre a melhor forma de conseguir uma mudança de verdade. Para a eleição de 2008, incorporei todo esse trabalho em uma nova medida de reforma da redivisão dos distritos, que era ainda mais agressiva do que a que apresentei em 2005. Essa tinha perdido por 19%. A nova venceu com quase o dobro de votos da anterior. Em três anos, tínhamos basicamente dobrado o apoio dos eleitores à reforma e colocado o poder de redividir mapas eleitorais na mão do povo.

É isso que pode acontecer quando você pensa grande com seus objetivos. Quando você mergulha de cabeça. Quando você ignora as pessoas negativas. Quando você permanece firme. Coisas boas podem acontecer na sua vida e na de todos os seus entes queridos em um nível que ninguém achava possível.

Vou contar uma coisa: nada de bom surge de um plano B. Pelo menos nada importante ou transformador. O plano B é perigoso para todo grande sonho. É um plano para o fracasso. Se o plano A é a estrada menos percorrida, se for você abrindo seu caminho na direção da visão que criou para a sua vida, o plano B é a que oferece menos resistência. E quando você sabe que essa opção existe, quando você aceita que ela é uma possibilidade, fica muito mais fácil segui-la quando as coisas ficam difíceis. Que se dane o plano B! No instante em que você criar um plano alternativo, não só dará voz a todas as pessoas negativas, como também diminuirá seu próprio sonho ao reconhecer a legitimidade das dúvidas alheias. Ou pior: você também se tornará uma pessoa negativa. Já existe o suficiente delas no mundo; você não precisa ser mais uma.

QUEBRE RECORDES E CRUZE NOVAS FRONTEIRAS

Existe uma história sobre Sir Edmund Hillary, a primeira pessoa a chegar ao pico do monte Everest. Quando ele voltou ao acampamento na base, foi recebido por jornalistas, que perguntaram como era a vista no topo do mundo. Ele disse que era incrível, porque, lá de cima, viu outra montanha na cordilheira do Himalaia que ainda não tinha escalado e que já estava pensando na rota que faria para chegar àquele pico.

Quando você chega ao topo da montanha, ganha uma nova perspectiva sobre o resto do mundo, sobre o resto da sua vida. Você vê novos desafios que estavam fora de vista e encara velhos desafios de novas formas. Depois que você conquista uma grande vitória, todas se tornam possíveis. Após o Everest, Hillary chegou ao topo de outras montanhas ainda não escaladas, como a que descreveu para os jornalistas. Após o sucesso de *O Exterminador do Futuro* e *O predador*, fiz a mudança para a comédia e estrelei *Irmãos gêmeos* e *Um tira no jardim de infância*, e cada um deles foi o maior filme da minha carreira até aquele momento. Após esculpir seu Davi, Michelangelo não parou de criar; ele pintou o teto da Capela Sistina, uma das maiores obras-primas da Renascença italiana. Após ser um dos fundadores do PayPal e revolucionar o mundo dos bancos virtuais, Elon Musk não pegou seu dinheiro e foi para casa. Ele entrou para a Tesla e ajudou a revolucionar os carros elétricos, depois criou a SpaceX e revolucionou as viagens espaciais.

Realizar um sonho lhe dá o poder de ver mais longe e mais profundamente – mais longe no mundo, rumo ao que é possível, e mais profundamente dentro de você mesmo, para entender do que você é capaz. É por isso que há tão poucas histórias sobre pessoas que fizeram algo grandioso, depois arrumaram as malas e se mudaram para uma ilha particular, desaparecendo completamente de cena. Pessoas que pensam grande e são bem-sucedidas quase sempre continuam insistindo, se esforçando e sonhando ainda mais alto. Pense na última vez em que você fez algo difícil que lhe deu orgulho. Você não parou de fazer coisas depois disso, parou? Claro que não. Esse sucesso lhe deu mais confiança para fazer outras coisas. *Coisas novas.* É assim que acontece com todas as pessoas grandiosas. Elas podem não repetir o maior sucesso que já tiveram. O mundo da música está cheio de artistas que só conseguiram emplacar uma única canção. Há muitos escritores que só publicaram um livro ótimo ou diretores que só lançaram um filme maravilhoso. Mas eles nunca param de trabalhar nem de sonhar. Nunca dizem: "Consegui o que eu queria, meu trabalho acabou." Enquanto estiverem vivos, eles vão continuar se esforçando para realizar a visão que criaram para a vida que querem ter.

Pensar grande e ser bem-sucedido são coisas que nos afetam. Com certeza foram coisas que me afetaram. Eu fiquei viciado nisso, porque aprendi que os únicos limites que realmente existem estão na nossa mente. Entendi que nosso potencial é ilimitado – o meu e o seu! E igualmente poderoso, acredito, é que, ao observar alguém como eu ou você superar barreiras e cruzar novas fronteiras, outras pessoas percebem que o potencial delas também é ilimitado. Quando pensamos grande e realizamos nossos próprios sonhos, esses sonhos também se tornam reais para elas.

Houve nove expedições fracassadas até o cume do Everest ao longo de 32 anos antes de Sir Edmund Hillary e seu guia xerpa, Tenzing Norgay, alcançarem o topo no dia 29 de maio de 1953. Em um intervalo de três anos, quatro alpinistas suíços também chegaram lá. Em um intervalo de 32 anos, a mesma quantidade de tempo até que a primeira subida bem-sucedida fosse realizada, mais de duzentos alpinistas alcançaram o topo do Everest. Na véspera de Hillary chegar ao cume, um levantador de peso chamado Doug Hepburn se tornou a primeira pessoa da história a erguer 227 quilos no supino. Durante décadas, 227 foi um valor mítico para o supino. Ao fim da década, Bruno Sammartino destruiu o recorde de Hepburn ao levantar 256. Eu mesmo já levantei 238. O recorde atual sem ajuda, que foi quebrado várias vezes desde então, está bem acima de 340 quilos.

Eu testemunhei esse processo na minha própria vida. Antes de eu vir para os Estados Unidos, ninguém saía da Áustria. Talvez você fosse para a Alemanha, para trabalhar nas fábricas. Se você tivesse um espírito muito aventureiro, poderia se mudar para Londres e trabalhar em um escritório. Mas para os Estados Unidos? De jeito nenhum. Depois de eu ganhar todas as competições de Mister Olympia e fazer os filmes da série *Conan*, comecei a ver austríacos e alemães por todo canto em Los Angeles. Eles vinham trabalhar no mercado fitness, em Hollywood, em várias coisas que me viam fazendo nas mesmas revistas em que eu tinha lido sobre Reg Park anos antes. Sem nenhuma pretensão, abri a porta dos Estados Unidos para eles, e esses homens e mulheres tiveram a coragem de entrar por ela.

Ver alguém com um objetivo louco dar tudo de si e ter sucesso é muito poderoso. Parece magia, porque destrava um potencial que nem sabíamos que tínhamos. Mostra o que é possível se focarmos em algo e nos esforçarmos para alcançá-lo.

Se Reg Park, um cara que saiu de uma cidadezinha industrial na Inglaterra, conseguiu se tornar Mister Universo e depois astro de cinema, por que eu não conseguiria?

Se milhões de imigrantes europeus conseguiam ir para os Estados Unidos com nada além de uma mala e um sonho e construir uma vida ali, por que eu não conseguiria?

Se Ronald Reagan, ator, conseguiu se tornar governador da Califórnia, por que eu não conseguiria?

E se eu consegui fazer o que fiz, por que você não conseguiria?

Por outro lado, sou lunático. Não faço nada como uma pessoa normal. Não tenho sonhos normais. Minha tolerância a riscos para sonhos grandiosos e novos desafios é estratosférica. Tudo que eu faço é exagerado.

Como fisiculturista, eu treinava duas vezes por dia, totalizando quatro a cinco horas. Como ator, participei de filmes de grandes orçamentos que eram extremamente arriscados. No meu primeiro e único trabalho como político, administrei a sexta maior economia do mundo. Como filantropo, meu foco tem sido o meio ambiente. Meu objetivo é ajudar a *consertar o planeta*.

Simplesmente é assim que eu penso. Grande.

Muitas vezes me pergunto como seria minha vida se eu não fizesse as coisas assim. Se eu tivesse tomado decisões diferentes. Se eu tivesse sonhado menor.

E se eu tivesse ficado na Áustria e me tornado policial, como meu pai? E se eu não tivesse descoberto o fisiculturismo ou se o seguisse como hobby, em vez de transformá-lo na minha vocação? Já tentei imaginar como a vida seria se eu tivesse dado ouvidos aos produtores que me aconselharam a mudar meu nome; ou se eu tivesse deixado as opiniões dos jornalistas me afetarem quando anunciei que me tornaria ator. Fico me perguntando como seriam as coisas se "bom o suficiente" tivesse sido bom o suficiente.

Não sei. E não quero saber. Uma vida de sonhos menores que segui sem muita empolgação, fazendo uma versão de algo que todo mundo já faz? Para mim, parece uma morte lenta. Não quero nada disso, e você também não deveria querer.

Por que almejar o mediano? Por que se contentar com "bom o suficiente" antes de se esforçar para ver do que você é capaz? O que você tem a perder? Sonhar alto não exige mais energia do que ter sonhos pequenos. Experimente. Pegue um papel e um lápis. Escreva sua visão. Agora risque e escreva tudo de novo, só que maior. Viu? A quantidade de energia é a mesma.

Pensar grande é tão difícil quanto pensar pequeno. A única dificuldade é se dar permissão para pensar assim. Bom, eu não apenas lhe dou permissão, mas exijo isso de você, porque, ao pensar nos seus objetivos e bolar sua visão de vida, é preciso compreender que isso não é algo que faz diferença apenas para você. Você pode ter um impacto imenso nas pessoas ao seu redor. Enquanto estiver desbravando novos rumos na própria vida, você pode estar abrindo caminhos para pessoas que nem imaginava que estavam prestando atenção.

O tamanho do seu sonho, se você mergulha nele de cabeça ou se desiste ao primeiro sinal de problema – tudo isso faz diferença. Faz diferença para a sua própria felicidade e sucesso, obviamente.

Mas essas coisas também são importantes porque elas de fato podem ajudar a transformar o mundo, indo muito além do impacto direto que têm sobre você.

CAPÍTULO 3

TRABALHE SEM PARAR

Aposto que eu e você temos muito em comum. Não somos as pessoas mais fortes, mais inteligentes nem as mais ricas que conhecemos. Não somos as mais rápidas nem as que têm os melhores contatos. Não somos as mais bonitas nem as mais talentosas. Não temos a melhor genética. Mas o que temos é algo que muitas dessas outras pessoas jamais terão: a disposição de colocar a mão na massa.

Se existe uma verdade inevitável no mundo é que nada substitui o esforço. Não existe atalho, truque nem pílula mágica que possa suprimir a necessidade de se empenhar muito para fazer bem seu trabalho, vencer um grande desafio ou realizar seus sonhos. As pessoas tentam poupar esforços e pular etapas desse processo assim que percebem que o trabalho árduo é árduo mesmo. Com o tempo, elas ficam ou são deixadas para trás, porque trabalhar sem parar é a única coisa que funciona 100% das vezes para 100% das conquistas que valem a pena.

Vejamos algo que a maioria de nós consegue entender: ficar rico. É muito impressionante descobrir que algumas das pessoas mais infelizes são vencedoras de loteria ou vêm de famílias muito abastadas. Segundo estimativas, 70% dos vencedores de loteria declaram falência em cinco anos. Entre aqueles que já nasceram ricos, as taxas de depressão, suicídio e abuso de drogas e álcool tendem a ser mais elevadas do que para a classe média ou as pessoas que se esforçaram para construir a própria fortuna.

Há muitos motivos para isso, mas um dos mais importantes é o fato de que os vencedores de loteria e os herdeiros nunca receberam nenhum dos benefícios associados a *trabalhar* em prol de um grande objetivo. Eles não sentiram como é bom ganhar dinheiro; sabem apenas como é tê-lo. Eles nunca aprenderam as lições importantes geradas pela luta e pelo fracasso. E com certeza não colheram os benefícios de aplicar essas lições aos seus sonhos e saírem vitoriosos.

Imagine se Sir Edmund Hillary tivesse sido depositado no topo do monte Everest por um helicóptero, em vez de escalá-lo por dois meses na primavera de 1953. Será que a vista lá de cima teria sido tão bela? Você acha que ele se importaria com outras montanhas menores que via ao longe enquanto estivesse lá? Claro que não! Se você não tiver a experiência de se esforçar, de ir além do que parecia possível e de saber que o sofrimento levará a um crescimento que só você mesmo pode criar, você jamais apreciará o que tem da mesma forma que alguém que fez por merecer, que se esforçou para conquistar esse objetivo.

O esforço traz *resultado*. A verdade é essa. Não importa o que você faz. Não importa quem você é. Minha vida inteira foi moldada por esse único conceito.

Na minha jornada para me tornar o melhor fisiculturista do mundo, passei quinze anos treinando cinco horas por dia. Quando cheguei aos Estados Unidos, intensifiquei meus treinos e passei a dividi-los, malhando duas horas e meia pela manhã e duas horas e meia à noite, para conseguir realizar dois treinos completos todos os dias. Eu precisava de dois parceiros de treino diferentes para isso – Franco pela manhã, Ed Corney ou Dave Draper à noite –, porque ninguém queria puxar tanto ferro assim. Eles não eram doidos feito eu. No meu auge, nos dias mais pesados, eu movia 18 mil quilos de peso *por treino*. É o equivalente a um semirreboque cheio de carga. A maioria das pessoas não quer treinar assim. É dolorido demais. Mas eu adorava todas as séries. Desejava a dor. Tanto que meu primeiro treinador na Áustria me achava maluco. Talvez ele tivesse razão.

Quando me aposentei do fisiculturismo e passei para o cinema, peguei minhas cinco horas diárias de treinamento e as transformei na dedicação para me tornar um astro. Fiz aulas de atuação, aulas de inglês e de dicção, aulas para remover meu sotaque (ainda quero reembolso por elas). Fui a inúmeras reuniões e li centenas de roteiros – os que me enviavam com propostas de verdade e quaisquer outros que eu conseguisse encontrar, só para aprender a diferença entre um roteiro ruim, um roteiro bom e um roteiro ótimo.

Depois havia o trabalho específico de cada filme, que ia além de simplesmente ler o roteiro e decorar as falas. Em *Irmãos gêmeos*, foram aulas de dança e de improvisação. Em *O Exterminador do Futuro*, foi me tornar uma máquina: usar uma venda até conseguir fazer todas as cenas com armas de olhos fechados e disparar a arma no estande de tiro até parar de piscar ao atirar. Em *O Exterminador do Futuro 2*, foi praticar o giro da espingarda tantas vezes que as juntas dos meus dedos chegaram a sangrar – por causa de dois segundos de filme. Não reclamei. Tudo fazia parte do trabalho necessário para quebrar um paradigma e me tornar um novo tipo de astro – um herói de filmes de ação.

Posteriormente, levei essa filosofia para a política. Durante a campanha de 2003, devorei livros com informações essenciais sobre cada questão que era importante para o estado da Califórnia. Todos continham observações detalhadas, escritas pelos maiores especialistas em temas obscuros sobre os quais nunca imaginei que eu fosse precisar pensar, que dirá analisá-los ou tomar decisões em relação a eles. Questões como marcações microscópicas de balística e a proporção entre pacientes e enfermeiros nos hospitais municipais. Após os treinos matinais em Venice, eu abria as portas da minha casa para qualquer um que estivesse disposto a me ensinar sobre governo, sobre legislação, sobre as coisas que importavam para o povo da Califórnia. Eu estava comprometido em corresponder às expectativas e cumprir a promessa de ser um tipo de político diferente, que eu tinha feito aos eleitores. Assim, peguei as cinco horas de treino que antes dedicava ao fisiculturismo e depois a me desenvolver como ator e as transformei em um programa de imersão na linguagem da política e do governo. Todos os dias, eu estudava e treinava como um aluno de intercâmbio que tenta aprender o idioma local, relendo minhas anotações várias vezes, depois declamando-as de cabeça até as palavras saírem com naturalidade.

O objetivo de todo esse esforço – de todas as repetições, de toda a dor, de toda a persistência, de todas as horas de dedicação – era o mesmo que em todas as fases da minha carreira. É o mesmo para tudo de especial que você quiser fazer na vida, seja ter uma empresa, se casar, ser fazendeiro, se tornar relojoeiro, viajar pelo mundo, ganhar um aumento e uma promoção, participar dos Jogos Olímpicos, administrar uma linha de montagem, abrir uma organização sem fins lucrativos, qualquer coisa. O propósito é estar preparado. É estar pronto para dar um show quando os holofotes se acenderem, quando a oportunidade bater à porta, quando as câmeras começarem a filmar, quando uma crise surgir. O trabalho árduo por si só tem valor e significado, não me entenda mal, mas o que de fato o motiva é que, quando chegar o momento de realizar seu sonho e de concretizar sua visão, você... não hesite e não recue.

REPITA, REPITA, REPITA

Desde o começo da minha carreira no fisiculturismo, trabalhar sempre significou repetições. Não apenas fazer as séries, mas acompanhá-las. Na academia de levantamento de peso em Graz, eu anotava meu treino inteiro na lousa, com os números de séries e de repetições, e só me permitia ir embora depois de ter riscado todos os itens. Anos depois, quando me preparava para filmes, eu acompanhava o número de vezes que lia o roteiro inteiro riscando tracinhos na capa, e só parava de ler depois de decorar todas as cenas. (A única vez que esqueci uma fala foi quando Danny DeVito pregou uma peça em mim no set de *Irmãos gêmeos*, trocando meu charuto da hora do almoço por um cheio de maconha.) Como governador – e mesmo agora, ao me preparar para falar em formaturas de faculdade ou em palestras –, eu fazia o mesmo na primeira página dos rascunhos dos meus discursos. Eu sabia que, depois de dez repetições, conseguiria me expressar decentemente, mas vinte tornariam minhas palavras sensacionais. Elas fluiriam de forma mais natural, como se eu estivesse falando de improviso, do coração. Quanto mais eu treinasse, mais de mim estaria presente, e mais provável que as pessoas na plateia se sentissem conectadas comigo e com as ideias que eu compartilhava.

O segredo é que as repetições precisam ser boas. Não repetições preguiçosas, distraídas, capengas, hesitantes. Você precisa fazer o negócio direito. Precisa completar o exercício todo. Precisa se esforçar ao máximo. Lembre-se: *wenn schon, denn schon*! Não importa se estamos falando de levantar peso, de uma coletiva de imprensa ou de ensaiar um discurso inteiro. Você precisa estar presente, por completo, o tempo todo. Confie em mim, estou falando por experiência própria. Basta um deslize, um passo em falso, uma palavra errada, para descarrilar todo o seu progresso e fazer você regredir.

O propósito de fazer muitas repetições é criar uma base para fortalecer você e torná-lo mais resistente a erros bobos e infelizes, seja lá o que isso significar no seu caso. O objetivo é torná-lo capaz de aguentar uma carga maior, para que, quando chegar a hora de fazer o trabalho importante – as coisas que as pessoas veem e lembram –, você não precise refletir se consegue fazer o que é necessário. Você simplesmente faz. Tudo isso cai por terra se você não tirar um tempo para fazer as coisas do jeito certo. Se você fizer suas repetições de qualquer jeito e não prestar atenção nos detalhes, a base que está construindo será instável e incerta.

É por isso que, em treinamentos com armas de fogo, dizem "devagar é tranquilo, tranquilo é rápido". É por isso que profissionais de primeiros socorros, como paramédicos e bombeiros, treinam de forma obsessiva e praticam os elementos básicos do trabalho várias vezes, até que os movimentos se tornem instintivos. A ideia é que, quando algo der errado e o inesperado acontecer – como sempre acontece –, eles não precisem pensar nas partes rotineiras do trabalho, que salvam vidas, e possam usar o espaço mental extra para lidar com situações que nunca enfrentaram sem desperdiçar segundos preciosos.

E, apesar de os riscos serem muito menores na maioria das outras áreas da vida, esse princípio pode ser aplicado igualmente em boa parte delas. É como o exemplo do saxofonista John Coltrane. Coltrane é considerado um dos maiores jazzistas improvisadores de todos os tempos. Ele desenvolveu o próprio estilo, chamado "lençóis de som", que, no auge da sua concentração, dava a impressão de que ele estava tocando todas as notas ao mesmo tempo. Quando ele tocava com outros gênios do jazz, como Thelonious Monk e Miles Davis, no fim dos anos 1950 e começo da década seguinte, era impossível saber o que esperar do saxofone de Coltrane a cada noite. Mas você sabia que podia esperar sua ética de trabalho frenético durante o dia.

Coltrane ensaiava o tempo todo. Outro saxofonista da sua era disse que Coltrane tocava "25 horas por dia". Ele tocava com regularidade todas as 256 páginas do *Thesaurus of Scales and Melodic Patterns* (Dicionário de escalas e padrões melódicos), que é o equivalente musical de assistir a alguém como Bruce Lee fazendo o "passar cera, polir cera" e "pintar a cerca" do sr. Miyagi por 18 horas. Há histórias sobre Coltrane praticando uma única nota por dez horas seguidas, para conseguir alcançar o tom e o volume perfeitos. Em casa, sua esposa sempre o encontrava dormindo com o bocal ainda na boca. Certa vez, em uma entrevista, ele disse que, sempre que estava muito concentrado em uma ideia, passava o dia inteiro tocando e perdia completamente a noção de quantas horas tinha praticado.

O que ele treinava em particular e o que tocava em público pareciam até formas de arte diferentes, mas estavam intimamente conectadas. Era a prática dos elementos básicos que fazia com que sua improvisação musical nos palcos parecesse mágica. Os ensaios eram rígidos e estruturados, previsíveis e chatos. Sua música era fluida, espontânea, brilhante. Até parecia que ele não precisava pensar nas notas, porque ele não precisava mesmo. *Porque não podia.* Para que seu estilo improvisado se encaixasse com o estilo dos outros músicos no palco, não poderia haver atrasos. Não havia segundos preciosos disponíveis para pensar. Assim como um paramédico na cena de um acidente ou um bombeiro em um prédio prestes a desabar, ele precisava saber o que fazer, aonde ir e como se mover *no momento*.

Se você gosta de esportes, isso é muito parecido com assistir aos melhores jogadores de futebol, basquete, hóquei e esquiadores treinarem seu ofício e depois demonstrarem seus talentos na hora da competição. Há horas e horas de arremessos monótonos toda semana. Há quilômetros de patinação e esqui e corrida focados na movimentação dos pés, em mudanças de direção, no equilíbrio, em alternar o peso do corpo. Há centenas, se não milhares, de repetições de dribles e passes de bola inseridos em cada treino.

Plateias em todo o mundo adoravam a música de John Coltrane por sua intensidade. Você ouvia as pessoas dizendo: "O Trane está inspirado!" Mas poucas dessas pessoas sabiam que a inspiração no palco era alimentada por inúmeras repetições das coisas mais chatas e apáticas possíveis, que ele praticava quando ninguém estava escutando. O mesmo vale para Stephen Curry na quadra de basquete, Lionel Messi no campo, Alex Ovechkin no gelo ou Hermann Maier na montanha. Quando os holofotes se acendem, eles nos impressionam porque fizeram todo o trabalho árduo, difícil, quando ninguém estava olhando.

É assim que precisamos ser. É isso que temos que fazer. Temos que abraçar as coisas chatas. Temos que dominar os elementos básicos. Temos que fazê-los da forma correta e temos que fazê-los com frequência. Essa é a única maneira de construir uma base forte e uma memória muscular para que nosso desempenho nos momentos importantes não seja uma questão primordial. Ele deve ser a parte fácil.

DOR PASSA

Eu não estaria aqui hoje sem o sucesso de *Conan, o Bárbaro*, que não teria alcançado os bons resultados comerciais nem teria se tornado um fenômeno cult se o diretor, John Milius, não tivesse tirado o meu couro em todo o período que passamos na Espanha, onde aconteceram as filmagens.

O trabalho básico da produção de *Conan* era difícil o suficiente. Eu ainda precisava passar uma hora levantando peso todos os dias para permanecer no auge da minha forma física, já que eu passava o tempo todo sem camisa. Então eu ensaiava cada uma das minhas longas falas com um professor de dicção trinta ou quarenta vezes antes dos dias de gravação. Aprendi a lutar com uma espada e as coreografias de combate. Treinei luta livre e boxe para as cenas de disputa no fosso. Aprendi a andar de cavalo, de camelo, de elefante. Aprendi a pular de rochedos, a escalar e a me balançar em cordas compridas, a cair de grandes alturas. Basicamente cursei uma nova escola técnica, dessa vez para aspirantes a atores de filmes de ação.

E aí, além disso tudo, Milius me obrigava a fazer umas coisas horríveis. Eu escalava pedras, uma tomada atrás da outra, até meus antebraços sangrarem. Tive que fugir de cachorros selvagens, que conseguiram me alcançar e me jogaram em um arbusto cheio de espinhos. Precisei morder um urubu de verdade, morto, e isso me obrigava a lavar a boca com álcool após cada tomada. (A PETA não ia gostar nada disso.) Em um dos primeiros dias de filmagem, acabei com um corte tão extenso nas costas que tive que levar quarenta pontos.

A resposta de Milius: "Dor passa, e este filme será para sempre."

E ele tinha razão, motivo pelo qual nada disso me incomodou. A dor é apenas o preço pelo trabalho que precisava ser feito para criarmos um ótimo filme de espada e magia, como chamavam. E, se eu estivesse disposto a pagar esse preço, ficaria muito mais próximo da minha visão. Para fazer coisas grandiosas e duradouras, sacrifícios são necessários.

Essa é a beleza da dor. Ela não apenas é temporária, o que significa que você não precisará enfrentá-la para sempre, mas também indica se você começou a dar o suficiente de si mesmo em busca dos seus sonhos. Se o trabalho para ser ótimo ou conquistar algo especial não doer nem custar nada, ou pelo menos deixá-lo desconfortável, lamento informar, mas você não está trabalhando o suficiente. Não está sacrificando tudo que poderia ser sacrificado para se tornar tudo que poderia ser.

No entanto, a dor não é só um indicador de sacrifícios, mas também uma medida do potencial de crescimento. Na academia, se um exercício não começar a doer, sei que não fiz o suficiente para liberar o potencial de crescimento do músculo que estou acionando. Repetições geram força, mas a dor gera tamanho. Era por isso que eu queria a dor. Era por isso que, nas fotos e filmagens na academia na década de 1970, eu sorria o tempo todo. Eu não era masoquista. Não era divertido ficar me agachando com 270 quilos até eu não conseguir respirar e querer vomitar. Eu sorria porque sentia a dor do trabalho, que me dizia que o crescimento estava a caminho. A cada repetição dolorosa eu ficava mais perto de realizar meus sonhos no fisiculturismo. Isso me deixava feliz, porque era para isso que eu estava me esforçando tanto: vencer títulos e chegar ao topo do pódio com o troféu do campeonato.

Não sou a primeira pessoa a entender isso em relação à dor. Nem de longe. Muhammad Ali notoriamente disse que só começava a contar os abdominais que fazia quando eles começavam a doer. "Esses são os únicos que importam", disse ele. "São esses que fazem de você um campeão." Bob Dylan disse que há dor por trás de toda bela criação.

Você provavelmente já sabe que isso é verdade. Tenho certeza de que já ouviu alguns dizeres populares que passam essa mensagem. *Saia da sua zona de conforto. Aceite seu sofrimento. Use a dor ao seu favor. Faça todos os dias uma coisa de que você tem medo.* Essas são apenas formas diferentes de tentar dizer que, se você quiser crescer ou se quiser ser grandioso, não será fácil. Vai doer um pouquinho. Ou muito.

No processo de seleção para os Navy SEALs e os Rangers do Exército, os instrutores só começam a testar de verdade os candidatos quando eles estão completamente exauridos. Eles deixam você exausto, gritam na sua cara, restringem suas calorias e abandonam você ao ar livre ou dentro d'água até estar congelando e não conseguir parar de tremer. E é aí que tentam afogar você ou azucrinar seu cérebro com pequenos testes de coordenação motora fina e trabalho em equipe. Mas, mesmo assim, eles não testam a competência. Não faz diferença se você consegue realizar a tarefa. O objetivo é ver se você vai desistir ou não quando a dor se tornar insuportável. Eles não estão interessados em desenvolver habilidades nem em melhorar seu preparo físico. Isso vem depois. E eles sabem que um candidato motivado lidará com a parte física no momento certo. O que eles querem encontrar é desenvolvimento de caráter. Algo que, na jornada em busca de grandeza e de visões grandiosas, costuma ser o fator mais importante.

Nada desenvolve tanto o caráter quanto a resiliência e a perseverança em meio à dor. Nada destrói o caráter quanto sucumbir à dor e desistir. Dito isso, aguentar dor sem motivo é burrice. Isso, *sim*, é masoquismo. Mas não estamos falando desse tipo de dor aqui – o tipo que não é associado a um objetivo. Estamos falando de uma dor produtiva. O tipo que causa crescimento, que constrói uma base e desenvolve caráter, que faz com que você chegue mais perto de realizar sua visão.

O grande escritor japonês Haruki Murakami certa vez escreveu: "Consigo aguentar qualquer dor, contanto que ela tenha significado." Com os anos, aprendi que isso é verdade: basta que a dor tenha significado para ela se tornar tolerável.

Pouco antes do Natal de 2006, quebrei a perna enquanto esquiava em Sun Valley, Idaho. Fraturei o fêmur, o osso mais grosso no corpo humano. É difícil quebrar o fêmur. E *dói*. Também é necessário passar por uma cirurgia imediata para inserir uma placa e parafusos, o que também dói. Duas semanas depois, eu deveria tomar posse do meu segundo mandato como governador. No geral, isso envolve uma cerimônia de juramento com o juiz-chefe da Suprema Corte da Califórnia e depois fazer um discurso. Em outras palavras, seria necessário passar muito tempo em pé.

Minha equipe e os organizadores do evento reconheceram que seria difícil eu passar tanto tempo de pé, então sugeriram cancelar a cerimônia oficial e fazer o juramento na minha casa, enquanto eu me recuperava. Não gostei dessa opção. Portanto, havia duas possibilidades: eu podia me encher de analgésicos e fazer o discurso, torcendo para não falar arrastado feito um lunático, ou poderia recusar os remédios e dar o discurso sem me dopar, sabendo que ficar de pé naquele palanque doeria demais.

Consigo aguentar vinte minutos de dor. Consigo aguentar um dia inteiro de dor. Minha perna continuaria quebrada independentemente da minha decisão. E eu sentiria certo grau de dor onde quer que estivesse – no sofá da minha casa ou na tribuna em Sacramento. Por que eu não escolheria a versão da dor que incluiria minha visão de liderar a Califórnia rumo a um futuro melhor? Parte dessa visão era compartilhar momentos assim. Era me apresentar ao povo para mostrar que eu sempre representaria o povo. Eu cumpriria as minhas promessas, mesmo quando doesse. Para mim, fazer isso era muito importante. Dor, como já dizia John Milius, passa. O poder daquele momento e a sensação de dever cumprido que tive após a eleição difícil do ano anterior ficarão comigo para sempre.

PERMANEÇA FIRME ATÉ O FIM

Dez meses depois, quase no fim de outubro de 2007, a Califórnia pegou fogo. Fui dormir em uma noite de sexta-feira com relatos de alguns incêndios que ocorriam em pontos diferentes do estado. Acordei no sábado com a notícia de que eles tinham se alastrado e já chegavam a quase trinta. O pior deles, em termos de ameaças a vidas e propriedades, se concentrou no condado de San Diego e acabou resultando na evacuação de mais de meio milhão de pessoas, incluindo 200 mil residentes da cidade de San Diego. Milhares deles acabaram se abrigando no hipódromo Del Mar e no estádio Qualcomm, onde os San Diego Chargers, da NFL, costumavam jogar.

Para o estado, aquilo era um pesadelo – um incêndio incontrolável em uma área de grande densidade demográfica. Nós fazíamos projeções, planos e treinos de emergência para desastres como aquele desde que tínhamos visto a tragédia horrível que havia ocorrido em Nova Orleans após o furacão Katrina, dois anos antes. Os serviços governamentais em todos os níveis tinham sido incapazes de ajudar a população pobre, e, como resultado, mais de 1.500 pessoas morreram. Eu jurei que, se um dia estivéssemos em uma situação parecida, teríamos as pessoas e os serviços certos a postos o mais rápido possível, saberíamos o que estava acontecendo desde o começo e iríamos ao socorro das vítimas e do pessoal na linha de frente em todas as ocorrências. Era para isso que serviam nossos planos e treinos de emergência.

É neste ponto que muita gente se engana em relação ao trabalho de alguém em uma posição de autoridade. As pessoas presumem que, como governador, eu me certificaria de que tivéssemos um plano, de que estivéssemos treinados para desastres, de que todo mundo soubesse seu papel, e meu trabalho estaria encerrado. Assim como o chefe de uma empresa ou o gerente de uma equipe, governadores têm muitas responsabilidades. Eles não podem fazer tudo, como dizem por aí. Em algum momento, precisam delegar tarefas e confiar que o plano que instauraram dará certo e que as pessoas contratadas para executá-lo vão cumpri-lo.

Só que você não pode simplesmente presumir que outras pessoas farão o que deveriam ou o que disseram que fariam. Ainda mais na hora do vamos ver, seja ela para o melhor ou para o pior. (A realização de um sonho também costuma exigir o mesmo esforço para evitar um pesadelo.) Sempre acontece algo errado. As pessoas ultrapassam limites. São preguiçosas. Algumas simplesmente são burras. Se você tem um trabalho a fazer ou um objetivo a conquistar, ou se comprometeu a proteger algo ou alguém, e acha importante que tudo aconteça como o esperado, precisa permanecer firme ali *até o fim*.

Na tarde de sábado, eu já tinha entendido que a situação em San Diego estava prestes a se tornar uma catástrofe sem precedentes. Eu conseguia visualizar a situação na minha mente. Havia muitas variantes espalhadas por uma área grande demais, e os eventos mudavam com tanta rapidez que era impossível me manter atualizado. As pessoas removidas de suas casas já seguiam para o estádio Qualcomm conforme anoitecia, e ainda não havíamos montado as camas portáteis nem tínhamos água suficiente, e eu sabia que outras coisas deviam estar faltando. Senti que teríamos que ir para lá para nos certificarmos de que tudo seria feito.

No caminho, o pessoal que já estava no Qualcomm nos passou uma lista resumida dos itens que ainda eram necessários: mais água, obviamente, mas também fraldas, fórmula infantil, papel higiênico e um item esquisito: saquinhos para recolher cocô de cachorro. Algo que você só entende quando está no meio do gerenciamento de uma emergência é que as prioridades após oferecer um abrigo básico são cuidar de crianças e idosos, e depois o saneamento. Ligamos imediatamente para o presidente da Associação de Mercados da Califórnia, e ele reuniu suas tropas para juntar todos os suprimentos necessários e levá-los até nós.

Quando chegamos ao estádio, ainda não havia camas. Onde elas estavam? Quem estava com elas? Por que ainda não tinham chegado? Eu e minha equipe perguntamos a todos que pudessem dar uma resposta e pedimos que eles ligassem para todos que conhecessem que pudessem dar uma resposta. Descobrimos, após uma corrente de telefonemas, que as camas estavam guardadas em um depósito que tinha sido vendido pela pessoa com quem assinamos o contrato de armazenamento, e o novo proprietário havia mudado as fechaduras, sem saber que uma das suas unidades estava cheia das camas que eram uma parte essencial do plano de contenção de desastres da Califórnia. E ninguém tinha a chave!

Não dá para inventar uma coisa dessas. Se não estivéssemos lá para fazer perguntas, acompanhar e nos certificarmos de que todo mundo ao redor fizesse sua parte para solucionar o problema, talvez as camas continuassem no armazém até hoje. Ainda bem que as camas foram as únicas coisas que precisamos procurar. Podia ter sido algo bem mais assustador, como aconteceu no hipódromo.

Enquanto nos preparávamos para ir embora, na noite de domingo, recebi a notícia de que setecentos residentes de uma casa de repouso local tinham sido transferidos para Del Mar. O fato de eles estarem seguros foi um grande alívio, mas algo naquela situação me incomodou. Qualquer um que já tenha visto o estoque de remédios de um idoso com apenas uma quantidade mediana de problemas médicos entende que essa é uma fase da vida que exige cuidados complexos. Em uma emergência, cuidar de pessoas mais velhas não se resume apenas a alocá-las em uma cama dentro do auditório de uma pista de corrida de cavalos. Então resolvi dar um pulo em Del Mar com a minha equipe para ver como estavam as coisas.

O primeiro sinal preocupante foi que não havia médicos no local. Havia um único enfermeiro, um homem chamado Paul Russo, que era especialista em primeiros socorros da Marinha e estava dando conta de tudo sozinho. Era ele quem estava cuidando de todas aquelas pessoas removidas de seus lares. O segundo sinal veio enquanto eu caminhava pelo local e as pessoas se preparavam para dormir. Uma senhora muito educada se aproximou de mim, assustada e um pouco confusa, e disse: "Não sei o que fazer. Eu tinha um tratamento de diálise marcado para amanhã cedo."

Isso iniciou uma avalanche de perguntas. Quantas pessoas precisavam de cuidados urgentes diários, como a diálise? Quantas estariam melhores em um hospital, sob a supervisão de um médico? Qual era o hospital mais próximo com espaço suficiente? Quantas máquinas de diálise haveria lá? Temos ambulâncias suficientes para levar todo mundo?

Passamos o resto da noite descobrindo as respostas para essas perguntas. No fim das contas, tínhamos algumas dezenas de pessoas que precisavam de cuidados, mas não havia leitos de hospital para recebê-las em um raio de 240 quilômetros. Então começamos a ligar para os comandantes de todos os braços das Forças Armadas com bases na Califórnia. Algo que você aprende como governador é que toda base tem duas coisas: armas e instalações médicas. Encontramos uma ala vazia no hospital de Camp Pendleton, uma base de fuzileiros navais que ficava no começo da rua da casa de repouso. Nós tínhamos os leitos; agora, precisávamos de ambulâncias para transportar todas aquelas pessoas até lá, que encontramos em Orange County, a quase 100 quilômetros ao norte. Trabalhamos no avião a noite toda, tirando apenas cochilos rápidos, esperando a confirmação de que todo mundo em Del Mar que precisava de transferência tinha sido transferido. Foi um trabalho maçante, em condições difíceis, o que é esperado em um momento de crise, e só voltamos para casa depois de resolver tudo.

É assim que você dá seguimento às coisas. É assim que você vai até o fim. Todos os aspectos precisam ser levados em consideração. Tudo precisa ser verificado. É uma questão de fechar um ciclo e voltar para percorrê-lo de novo. Não gosto nem de imaginar o que poderia ter acontecido com alguns daqueles residentes da casa de repouso se tivéssemos feito até 1% menos do que fizemos. E, ainda assim, tantas pessoas se contentam em depender completamente de planos e sistemas, em fazer o mínimo necessário e pensar: *Pronto, já resolvi tudo*. Não. Não seja um preguiçoso inútil. Faça o trabalho. O único momento em que você pode usar as palavras "já resolvi tudo" é quando tudo estiver resolvido. Por completo.

Sou fanático em ir até o fim. De muitas formas, vejo isso como o ponto crucial do trabalho árduo necessário para realizar coisas importantes, porque coisas importantes nunca são simples nem fáceis. Elas quase sempre dependem de serem feitas no momento certo, de outras pessoas, de muitas variantes – e não podemos contar com nada disso. Ironicamente, ir até o fim costuma ser a parte mais fácil do trabalho, pelo menos em termos de energia e recursos; ainda assim, quase sempre é o fator em que não prestamos atenção ou que deixamos passar batido. Dizemos "Quero fazer um negócio maravilhoso, fantástico", damos o pontapé inicial e ficamos esperando as coisas continuarem rolando por conta própria, só porque queremos que elas aconteçam. Como se esperança e boas intenções adiantassem de alguma coisa.

Fazemos isso até com nós mesmos. É algo que sempre acontece no mundo dos esportes. Um golfista em um obstáculo de areia não usa o taco certo, e a bola não vai a lugar nenhum ou sai em disparada pelo campo. Um tenista faz tudo certo durante um ponto, se posiciona para rebater um *backhand*, mas não aplica a força necessária ao movimento, e a bola voa para fora do estádio. O mesmo acontece com jogadores de futebol que dão apenas um toquinho na bola na grande área ou durante um pênalti. Também vejo isso acontecer na academia. Nem sei quantas vezes já vi caras no aparelho de puxada alta, por exemplo, que não fazem a extensão completa no topo do movimento nem a flexão total na parte inferior. Eles não dão seguimento nem vão até o fim.

Analisando separadamente, isso parece uma bobagem, mas não ir até o fim em todos os momentos pode fazer você perder uma competição ou ter prejuízo, da mesma forma que pode causar perdas na vida. É uma indicação de que você não está se comprometendo por completo, que não está mergulhando de cabeça, que está apenas seguindo o fluxo. Isso é um problema bem maior do que você imagina, porque, ao aceitar que uma tentativa feita sem muito esforço ou uma série executada de qualquer jeito são boas o suficiente, você se torna mais propenso a aceitar versões capengas de outras coisas mais importantes. Coisas como seu desempenho no trabalho. Ou seu comprometimento em uma relação. Ou como você cuida do seu bebê. A pessoa que não se incomoda em fazer quatro séries de dez repetições malfeitas e incompletas no aparelho de puxada alta apresenta mais chances de trocar a fralda de um bebê sem muito capricho ou se esquecer da comida predileta do seu companheiro no restaurante favorito do casal do que a pessoa que enfrenta cinco séries de quinze repetições perfeitas, porém dolorosas, mesmo que isso exija mais tempo e a deixe exausta. Essa pessoa sabe como é boa a sensação de se esforçar e fazer as coisas do jeito certo.

Woody Allen disse que 80% do sucesso na vida se resume a estar presente. Antes dele, Thomas Edison disse que 90% do sucesso é suor. Eles não estão errados, mas os dois não podem estar certos. A conta não bate. Na verdade, acho que foi o cantor de música country e fabricante de linguiça Jimmy Dean quem acertou na mosca. Ele disse: "Faça o que você disse que faria e tente fazer de maneira um pouco melhor do que você disse que faria."

Dê seguimento e continue até o fim, sempre. Faça apenas essas duas coisas, como sei que você é capaz se sua visão for importante o suficiente, e você vai se destacar da multidão. Ao contrário da grande maioria das pessoas que apenas fala que se sente motivada a realizar algo importante ou fazer a diferença, ter esse tipo de atitude mostrará que você leva a sério seu comprometimento em transformar sua visão em realidade.

O DIA TEM 24 HORAS. UTILIZE-AS.

Tenho uma boa notícia para você. Temos algo em comum além da disposição de colocar a mão na massa. Cada um de nós tem as mesmas 24 horas no dia para trabalhar. Tudo mais em nossa vida pode ser completamente diferente – idade, renda, onde vivemos, talentos –, mas temos a mesma motivação e a mesma quantidade de tempo. Isso é fantástico! Significa que nada é impossível de conquistar se dedicarmos tempo e esforço suficientes.

As perguntas que você precisa fazer a si mesmo são: Quanto tempo estou desperdiçando? Quanto tempo dedico a pensar em como vou começar... em vez de começar de verdade? Quanto tempo jogo fora em redes sociais? Quanto tempo gasto assistindo à televisão, jogando videogames, indo a festas, bebendo?

Espero que você não desperdice muito tempo com nada disso. Infelizmente, esse é o caso de muitas pessoas. As piores são aquelas que têm sonhos grandiosos, ambiciosos e que estão desesperadas para mudar de vida, mas, quando pergunto o que estão fazendo para alcançar seus objetivos, elas passam vinte minutos explicando que estão ocupadas demais. Não é de surpreender que as pessoas que mais reclamam de ter pouco tempo são as que menos trabalham.

Em outras palavras: estar ocupado é uma enrolação. Todo mundo está "ocupado". Todo mundo tem coisas que precisam ser feitas diariamente. Obrigações e responsabilidades. Todo mundo precisa comer, dormir, pagar as contas. O que isso tem a ver com se esforçar para alcançar sua visão? Se é importante para você, *arrume tempo*.

No meio da década de 1970, eu já tinha conquistado alguns dos meus maiores objetivos. Tinha chegado aos Estados Unidos, tinha vencido os concursos de Mister Universo e Mister Olympia. Em geral, eu era considerado o melhor fisiculturista do mundo. Mas o trabalho ainda não tinha acabado. Quando você chega ao topo da montanha, precisa encontrar uma forma de permanecer lá. Para mim, isso significou mudar meu foco para Hollywood, que me oferecia a possibilidade de ainda mais sucesso; porém, antes disso, precisei dedicar muito tempo a criar uma vida decente para mim em Los Angeles enquanto continuava me esforçando para manter a forma para as competições.

Primeiro, desenvolvi livretos sobre fisiculturismo e combinei com Joe Weider que ele não precisaria me pagar pelas fotos que eu fazia para promover seus suplementos e aparelhos se ele me cedesse duas páginas no meio de suas revistas para anunciar meus livretos. Depois, comecei a fazer cursos, principalmente de administração, na Faculdade de Santa Mônica e na Universidade da Califórnia, em Los Angeles. Para ganhar um pouco mais de dinheiro, apresentei seminários de fisiculturismo, e eu e Franco entramos no mercado de construção e começamos a fazer trabalhos de alvenaria por toda a cidade. Com o dinheiro da alvenaria e dos livretos, comprei um prédio residencial e passei a alugar os apartamentos. E, quando finalmente comecei a me movimentar para trabalhar em Hollywood de forma mais concreta, entrei em todos os cursos de atuação e improvisação que encontrava. Minha agenda estava lotada... até com aulas de dança!

Claro que não fiz nada disso por acaso. Além de serem atividades que me renderiam ou economizariam dinheiro, eu estava sempre pensando nos meus objetivos. Fiz os livretos de fisiculturismo porque eles me ajudavam a alcançar mais pessoas.

Também era uma forma de ajudar as pessoas que não tinham dinheiro para participar dos meus seminários.

Escolhi a construção civil porque seria um exercício físico extra. Também me ajudaria a ficar bronzeado e a praticar meu inglês, além de me dar o orgulho de construir coisas. Lembre que meu objetivo não era apenas vir para os Estados Unidos, mas me integrar aos Estados Unidos. Participar de filmes foi fundamental para isso, mas também existem muros e calçadas em Los Angeles que eu e Franco construímos juntos cinquenta anos atrás, nos intervalos entre os treinos, e que sinto fazerem parte do meu legado, junto com a minha estrela na Calçada da Fama e dos outdoors com o meu rosto na Sunset Boulevard.

Fiz aulas de administração para aprender o linguajar de negócios e me tornar fluente nele. Eu também queria me preparar para o lado comercial do show business, para não ser feito de bobo por agentes ou estúdios.

Comprei o prédio para ter um lugar onde morar e não precisar me preocupar com aluguel, que sempre foi um dos principais fatores que levavam atores aspirantes a aceitar empregos horríveis que não fazem parte da visão que eles têm para sua carreira. Eu não queria ser um ator com outro emprego. Eu queria ser um astro de filmes de ação, um protagonista. Ter um teto significava que eu poderia ter paciência e recusar todas aquelas pontas como soldado nazista ou segurança skinhead.

Quando conto para as pessoas como era a minha rotina naquela época, mesmo depois de explicar por que eu era tão ocupado, da mesma forma como acabei de explicar aqui, elas ficam chocadas.

"Você tinha tempo para comer?", perguntam elas. Na maioria das vezes, eu comia igual a todo mundo, respondo. Ou, se estivesse com pressa, comia no carro, a caminho da academia, ou enquanto estudava. Eu tomava meu shake proteico toda manhã, na aula. E nos dias em que eu realmente não tinha tempo para comer... eu simplesmente não comia. Perder uma refeição nunca matou ninguém.

"Você tinha tempo para se divertir?", questionam outras. Eu me divertia o tempo todo, respondo. Por que eu me mataria daquele jeito se não fosse divertido? Eu adorava treinar. Eu adorava subir uma parede de tijolos, algo que Franco me ensinou. Eu adorava conhecer pessoas novas e entender como os americanos faziam negócios.

"Você tinha tempo para dormir?" é uma pergunta popular. Eu tirava uma soneca depois do treino matinal ou na picape, enquanto o concreto secava nos muros, respondo. Mas, no geral, eu só dormia quando me sentia cansado.

"Você não vivia cansado?" Essa sempre é a pergunta que vem depois. E minha resposta é sempre a mesma: não. Na verdade, eu sempre tive muita energia, desde que era garoto, então parte disso é uma questão genética. Mas a parte principal, a parte mais importante, é a que muitas pessoas ignoram. Quando você está buscando uma visão e trabalhando para alcançar um grande objetivo, nada é mais energizante do que fazer progresso.

Quando eu entendia algum dos conceitos da aula de administração, imediatamente queria me aprofundar nele. Quando eu percebia que meu inglês estava melhorando, queria falar com as pessoas e treinar ainda mais. Na academia, quando sentia meu inchaço, eu sabia que estava fazendo progresso e ficava com vontade de levantar peso até meus braços caírem. E às vezes era isso que eu fazia. Eu levantava peso até sentir que estava inchado, depois continuava até sentir dor, como Ali falava, e só parava quando não conseguisse mais me mexer. Havia dias em que essa era a única forma de me fazer sair da academia. E, apesar de eu estar fisicamente exausto, minha cabeça estava a mil. Eu me sentia empolgado e energizado, porque tinha passado duas horas me aproximando da minha visão.

Como eu poderia dormir em um momento assim?

Esse é o tipo de mentalidade a que pessoas se referem quando falam em entrar "no fluxo". O tempo se expande e entra em colapso ao mesmo tempo. Você mergulha em algo, começa a fazer progresso, e então, bum!, quando dá por si, você levanta o olhar e vê que já amanheceu.

Escritores, músicos, programadores, mestres do xadrez, arquitetos, artistas, qualquer um com um hobby que ame de verdade – todas essas pessoas têm histórias parecidas. Histórias sobre desafiar os limites da capacidade de atenção e da fisiologia humana, em que o tempo deveria ter cobrado seu preço e desligado seu cérebro em algum momento. E às vezes isso acontece, como Coltrane dormindo com o bocal na boca, um designer de games caindo no sono em cima do teclado ou um detetive tirando uma soneca cercado pela papelada de um caso. Mas programadores de software também fazem maratonas de 36 horas trabalhando, criando jogos ou aplicativos que mudam o mundo. Você escuta histórias como a do diretor Sam Peckinpah, que reescreveu o roteiro de *Meu ódio será sua herança* em três dias, no deserto. Ou como a do Black Sabbath, que gravou seu álbum de estreia em 12 horas seguidas. Ou como a de Keith Richards, que bolou o riff de "Satisfaction" quando estava prestes a dormir, após um longo dia no estúdio.

Não importa se é uma questão de entrar no fluxo ou não, o que todas as pessoas que colocam a mão na massa têm em comum é o fato de que elas encontram tempo, fazem tempo ou usam o tempo que têm para cumprir sua tarefa. Se você escuta histórias assim e continua preocupado em comer, ter energia, dormir ou se divertir, talvez seu problema não seja o tempo. Talvez seu problema seja onde você está gastando seu tempo. Sabe quantas vezes as pessoas me disseram que não tinham tempo para malhar e, quando eu pedia para pegarem seus celulares e me mostrarem as estatísticas de tempo de tela, os dados diziam que elas passavam três horas e meia nas redes sociais por dia? O problema não é falta de tempo, mas a falta de visão para sua vida que torna o tempo irrelevante.

Ou talvez você tenha uma visão fantástica e poderosa que o motiva, mas alcançá-la exige tanto tempo que a jornada rumo ao sucesso se torna avassaladora e paralisante. Isso de fato é uma possibilidade, e pode ser bem assustador. Eu entendo. Desenvolver um corpo que acabaria vencendo concursos de fisiculturismo não aconteceu da noite para o dia, nem em um ano, nem em dois ou três. Foram necessários vários anos de treinos constantes e diários, sem receber um tostão para fazer meu corpo chegar ao tamanho e à proporção que acabariam chamando atenção de juízes, de Joe Weider e do público. Depois, foram necessários mais anos ainda para aperfeiçoar meu corpo e mantê-lo na forma necessária para vencer títulos consecutivos do Mister Olympia e interpretar papéis como Conan e o Exterminador do Futuro.

Se eu estivesse completamente focado no resultado final ou tentasse abraçar o mundo com as pernas, com certeza acabaria dando para trás. Acabaria fracassando. A única forma de alcançar o tipo de sucesso duradouro e revolucionário que eu desejava era fazendo o trabalho árduo aos poucos, todo santo dia. Eu precisava me concentrar em executar direito as repetições. Eu precisava dar ouvidos à dor e ir crescendo aos poucos. Eu tinha que ir até o fim, diariamente, seguindo meu plano para alcançar uma visão maior.

Os mesmos princípios se aplicam a você, não importa o que deseja conquistar, por mais que sua vida atual seja atarefada. Vou mostrar como. Vamos fazer um exercício que chamo de "A contagem regressiva de 24 horas":

Quantas horas você dorme diariamente? Digamos que sejam oito, porque essa é a quantidade que a ciência moderna considera ideal para termos o melhor desempenho e para a longevidade. Desse jeito, sobram dezesseis horas no dia.

Quantas horas você trabalha diariamente? Digamos que também sejam oito. Agora sobram oito horas por dia.

Quanto tempo dura seu trajeto para ir e voltar do trabalho? A média diária nos Estados Unidos é de menos de meia hora por percurso, mas vamos arredondar para incluir as pessoas que vivem em bairros periféricos e dizer que cada percurso leva 45 minutos. O total dá uma hora e meia. Agora, temos seis horas e meia restantes.

Quanto tempo você passa com a família, incluindo no café da manhã, no jantar e assistindo à televisão? Digamos que sejam três horas e meia, o que é ótimo. É um bom tempo para aproveitarem a companhia uns dos outros. Agora restam três horas no dia.

Quanto tempo você passa malhando ou participando de atividades físicas por dia? A média para a maioria das pessoas é de uma hora, e isso inclui passear com o cachorro, cumprir tarefas e ir à academia. Fantástico, uma hora por dia de atividades é muito importante. Restam duas horas.

Depois de contabilizar todas essas coisas rotineiras, ainda sobram duas horas no dia para se dedicar à sua visão. Já consigo escutar a pergunta que vários de vocês farão: e o tempo para descansar e relaxar? Em primeiro lugar, descanso é para bebês e relaxamento é para aposentados. Você se encaixa em alguma dessas categorias? Se você quiser fazer algo especial, se tem um sonho grandioso que deseja realizar, acho que vai ter que deixar o descanso de lado por um tempo. Mas tudo bem, você quer relaxar um pouco, então use metade do tempo restante para tirar uma soneca. Ainda resta uma hora todos os dias para você dedicar aos seus objetivos.

Você tem noção do poder de uma hora diária? Se você quiser escrever um livro, sente-se e escreva por uma hora todos os dias ou simplesmente se comprometa a escrever uma página. No fim do ano, você terá 365 páginas! É um livro inteiro! Se você quiser entrar em forma, queime quinhentas calorias a mais do que consome todos os dias. Em uma semana, isso totaliza meio quilo perdido. Em um ano, podem ser mais de vinte! Como queimar mais do que você ingere? Tente usar seu tempo extra para andar de bicicleta. Mesmo em um ritmo moderado, mesmo fazendo isso apenas cinco dias por semana, em um ano você terá percorrido mais do que a distância entre Los Angeles e Boston. Você terá atravessado os Estados Unidos!

Essas são conquistas fantásticas e que exigem muito trabalho árduo. Mas é um trabalho que você é mais do que capaz de realizar se fizer um plano e dividi-lo em pequenos objetivos diários que não levariam mais do que uma ou duas horas para serem feitos. Caramba, você pode até ser louco como eu, e ainda são apenas cinco horas de trabalho por dia. Sobram dezenove horas para fazer qualquer outra coisa. Coma um pouco mais rápido, pise um pouco menos no freio no trajeto indo e voltando do trabalho, durma um pouco menos e você encontrará as horas necessárias. Então, não me diga que você não tem tempo para treinar, estudar, escrever, fazer networking ou seja lá o que precisa ser feito para alcançar sua visão.

Desligue a televisão. Jogue seus aparelhos pela janela. Engula suas desculpas. Coloque a mão na massa.

CAPÍTULO 4

VENDA, VENDA, VENDA

Um dos maiores choques culturais com que me deparei ao chegar aos Estados Unidos foi a falta de conhecimento sobre fisiculturismo. Por causa de tudo que li sobre o esporte nas revistas de Joe Weider, eu achava que encontraria algo diferente.

Veja bem, a subcultura do fisiculturismo existia. Tínhamos revistas e suplementos nutricionais. Tínhamos o circuito de competições, com diferentes títulos e troféus. Havia ótimas academias em todo o país, incluindo duas grandes em Los Angeles, onde eu estava. E também havia fãs e groupies. Mas pouquíssimas pessoas fora da comunidade do fisiculturismo conheciam o esporte.

Quando eu conhecia alguém em uma festa ou batia papo com um desconhecido no mercado e as pessoas notavam como eu era forte (o que não era difícil, levando em consideração que eu só andava de short e regata), elas diziam coisas como: "Nossa, que musculoso. Você é jogador de futebol americano?" Eu respondia "Não, tente de novo", e elas chutavam algo como lutador ou segurança. Quase nunca alguém adivinhava que eu era fisiculturista.

Notei que os grandes jornais e as revistas esportivas não escreviam sobre fisiculturismo. Canais de televisão também não falavam sobre nós. E, quando falavam, tendiam a abordar a competição da mesma forma como cobriam eventos como disputas para ver quem conseguia comer mais cachorros-quentes. Éramos uma curiosidade. Uma novidade. Dava para sentir isso nas palavras que usavam para nos descrever. "Cheios de músculos" e "estranhos" (ou "estranheza") eram termos que apareciam em quase todas as matérias. Eles viviam insinuando que devíamos ser burros, gays ou narcisistas. Isso me confundia. Por que estar no auge da forma física era tão esquisito? E por que essas eram as únicas possibilidades?

Por que as sungas e o óleo que usávamos para destacar a definição muscular causavam tanto estranhamento? Eles ignoravam nossos anos de esforço e trabalho e reduziam um campeonato mundial aos elementos visuais mais básicos: um grupo de homens bronzeados, besuntados, flexionando os músculos ao lado um do outro em um palco, nitidamente tentando compensar alguma coisa ao nos apresentarmos usando pouquíssimas roupas.

Perguntei às pessoas na Gold's por que isso acontecia. Elas não sabiam.

"A gente devia conversar com esses jornalistas!", sugeri. Mas a maioria dos caras não queria fazer isso.

Eles diziam que os escritores e jornalistas eram preconceituosos ou invejosos, e por isso eram sempre injustos conosco. "Por que seria diferente desta vez?", perguntaram eles.

Mas isso não fazia sentido para mim. De que outra forma os jornalistas saberiam quantas horas treinávamos por dia? Como saberiam quanto peso levantávamos, como éramos fortes ou como precisávamos ser disciplinados? Como saberiam dessas coisas se não contássemos a eles? Meus companheiros de fisiculturismo não queriam conversar com os jornalistas porque eles sempre descreviam quem éramos e o que fazíamos de forma errônea, mas aqueles equívocos surgiam porque nós *não* conversávamos com eles.

Naquela época, eu era um dos mais novos da academia, mas tinha bastante experiência em trabalhos com vendas na Europa para saber que, se você quer expor algo e desenvolver seu negócio – mesmo quando o negócio é um esporte pouco convencional –, precisa divulgá-lo. Você precisa se comunicar e promover sua ideia para que as pessoas tomem conhecimento da sua existência. Para que elas saibam do que se trata e por que deveriam se importar. Em outras palavras, você precisa vender.

Falei para os caras que era nosso dever apresentar o fisiculturismo para o público.

Jornais, programas de televisão, repórteres não deveriam ser nossos inimigos, mas nossos parceiros. Eles precisavam de histórias para preencher as páginas e as telas assim como precisávamos divulgar nosso trabalho. Se quiséssemos que o esporte crescesse, deveríamos preencher os espaços vagos nos noticiários com nossas próprias descrições sobre o esporte e com nossas próprias ideias em relação ao que o tornava especial. Não podíamos esperar que os jornalistas fizessem isso do jeito que sabíamos fazer e certamente não podíamos contar que eles iam preencher os espaços como queríamos que eles fizessem. Bastava ver o que acontecia quando os deixávamos por conta própria. Se quiséssemos mudar a imagem do fisiculturismo, tínhamos que educar os jornalistas e, por sua vez, o público. Éramos nós que deveríamos explicar o esporte para eles, promovê-lo, *vendê-lo*.

Hoje em dia, quando empreendedores, atletas e artistas me pedem conselhos – não importa se estão falando sobre seu produto mais recente, seu último trabalho ou como conseguir agenciamento –, a única coisa que digo que deveriam fazer mais é se promover. É se divulgar. Vender. *Venda, venda, venda!* Você pode ter a ideia mais incrível do mundo, o plano mais fantástico, o melhor curso de praticamente qualquer coisa, mas, se ninguém souber que ele existe ou do que se trata, é um desperdício de tempo e esforço. Sua existência não faz nenhuma diferença.

Quando se trata de realizar seus sonhos, você não pode deixar isso acontecer. Na verdade, isso jamais deveria acontecer, porque ninguém é mais capaz ou motivado do que você para vender sua visão ao mundo. Não importa se você quer levar sua família para um país diferente ou seu time de futebol para uma nova cidade, se quer trabalhar no cinema ou fazer a diferença, se quer abrir uma empresa, comprar uma fazenda, se alistar no Exército ou criar um império. Não importa o tamanho do seu sonho, você precisa saber vendê-lo e para quem vendê-lo.

CONHEÇA SUA CLIENTELA

Vender sua visão significa ser sincero com relação ao que você está tentando conquistar e contar sua história da forma mais positiva possível para as pessoas de quem você precisa ou deseja receber uma resposta positiva. Em outras palavras, sua clientela.

Quando fiz minha transição para o mundo do cinema, e depois quando troquei os filmes de ação pelas comédias, as pessoas para quem eu precisava vender minha visão eram agentes, diretores, produtores e executivos dos estúdios, para que eles me dessem uma resposta positiva e uma chance em seus filmes. A apresentação que eu, Ivan e Danny fizemos na sala de Tom Pollock para convencê-lo a se arriscar com *Irmãos gêmeos* não passou de um discurso de venda para um cliente importante que desejava reduzir os riscos. Nosso trabalho era contar a Tom uma história que fizesse nossa visão para o filme parecer exatamente o que ele estava procurando.

– Escute – falei –, todos nós queremos a mesma coisa, pode acreditar. Temos a mesma visão criativa para esse filme. Não existem egos em jogo aqui.

– Sei exatamente como vamos filmar, Tom – disse Ivan. – Se você nos der os 16 milhões, vou terminar tudo dentro do prazo e do orçamento.

– E depois podemos dividir os lucros – continuou Danny. – E você não vai nem precisar se preocupar com salários.

Tom apertou a nossa mão. Ele entendia que aquele era um ótimo acordo para todos e estava prestes a nos mostrar como achava que todos nós faríamos um negócio maravilhoso. Ele se levantou da cadeira, saiu de trás da mesa, se inclinou e puxou os bolsos da calça para fora.

– Sabe o que vocês acabaram de fazer comigo? – perguntou ele. – Vocês acabaram de me roubar e me ferrar. Foi isso que vocês fizeram. Meus parabéns.

Todos rimos. Mais um cliente satisfeito!

Quando comecei a conseguir papéis como protagonista, eu precisava vender a mim e aos meus filmes para a mídia e para o público mais do que para produtores e executivos. Eu precisava mostrar para os espectadores que eu era um bom ator e precisava convencer os críticos de que meus filmes eram tão bons quanto uma obra de arte. E não estou falando apenas de ser bom no quesito qualidade, mas também em termos de ser bom para a sociedade.

A primeira vez que isso aconteceu em grande escala foi no lançamento de *O Exterminador do Futuro*. Os jornalistas só queriam falar sobre como o filme era violento. Depois de todos os assassinatos imaginários que cometi nos filmes da série *Conan*, eles questionavam por que eu tinha optado por interpretar uma máquina assassina no papel seguinte. Parece uma besteira agora, mas é preciso ter em mente que, no começo da década de 1980, os críticos de cinema faziam muita diferença. Críticos como Gene Siskel, Roger Ebert, Pauline Kael, Rex Reed, Leonard Maltin podiam destruir as chances de sucesso do seu filme com uma avaliação ruim.

Tomei uma decisão consciente de que, sempre que me fizessem perguntas relacionadas à violência nas entrevistas promocionais para o lançamento de *O Exterminador do Futuro*, eu responderia diretamente às críticas. Perguntei a um repórter se ele já tinha lido a Bíblia e entendido que, pela quantidade de mortes, ela é um dos livros mais sangrentos do mundo. Lembrei a outro jornalista que o filme era uma ficção científica, que meu personagem era uma máquina e representava um alerta à raça humana sobre a tecnologia. Expliquei que o roteiro que Jim Cameron havia escrito era, por definição, 100% a favor dos humanos. Sempre que eu tinha oportunidade, contava a versão da história de *O Exterminador do Futuro* que Jim queria contar, não a que todos aqueles jornalistas aleatórios pareciam desesperados para escrever. O resultado final fala por si só: o filme foi um sucesso de bilheteria e recebeu ótimas críticas.

Tive a sorte de a minha clientela ser bem óbvia nesse caso. Se você tirar um tempo para compreender seu ambiente, talvez ela também fique óbvia para você. As pessoas para quem você precisa vender se tornarão perceptíveis, e você poderá dedicar toda a sua atenção a elas.

Digamos que você queira seguir sua paixão pela produção de cerâmica. Sua visão é fazer pratos lindos e vendê-los em feiras de artesanato ou pela internet, no seu próprio site. Você não precisa que ninguém aprove esse sonho. Não há barreiras que precisam ser superadas no mundo da cerâmica... a menos que você queira fazer um empréstimo para comprar todos os equipamentos e suprimentos necessários. Aí você precisará da resposta positiva de um banco (ou de um parente ou amigo com dinheiro), o que significa que ele é seu cliente agora, para quem você terá a obrigação de vender a sua visão.

Mas digamos que você não precise de um empréstimo. Ainda há a questão das pessoas de quem você quer uma resposta positiva para saber que elas estão do seu lado. Nesse caso, talvez se trate do seu cônjuge ou dos seus pais, que estão com medo de você largar os estudos ou pedir demissão do trabalho, ficar sem dinheiro e declarar falência. Eles não são negativos no sentido tradicional, apenas têm medo – por você e por eles próprios. Seu trabalho é vender a sua visão para eles, para acalmá-los, e mudar uma potencial resposta negativa para um "sim" ou, pelo menos, para um "está bem". Obviamente, você não precisa da autorização de ninguém para seguir seu sonho nem deveria deixar que a falta de aprovação seja um empecilho, mas sempre é melhor receber o apoio do máximo possível de pessoas.

Quando eu era adolescente na Áustria, aprendi muito sobre vendas na escola técnica e como aprendiz em uma loja de ferragens de Graz. Fiz todos os trabalhos que podia: entregas, controle de estoque e reabastecimento, limpeza, contabilidade, atendimento ao cliente e, é claro, vendas. Assistir ao dono da loja, Herr Matscher, em ação foi a melhor lição que recebi sobre vendas e por que as pessoas compram as coisas que compram – não apenas produtos e serviços, mas também ideias.

Herr Matscher era capaz de vender de tudo para todo mundo porque prestava atenção e se conectava com as pessoas. Lembro-me de uma vez em que um casal foi à loja para comprar azulejos. Herr Matscher cumprimentou a esposa com educação e focou no marido, como era comum na cultura austríaca no começo da década de 1960, porque ele era o chefe da casa. Herr Matscher pegou várias opções de azulejos e as exibiu para o casal. Ele começou a explicar os pontos positivos e negativos de todas as cores e estilos, direcionando suas palavras para o marido. Perguntou ao homem qual estilo preferia, qual cor. Perguntou em que cômodo da casa os azulejos seriam instalados, qual era o orçamento, quando precisariam do produto. Não demorou muito para o marido se irritar com as perguntas, e isso me deixou confuso. Todos os questionamentos de Herr Matscher eram normais e necessários. Um cliente comum ficaria irritado se ele não perguntasse nada daquilo. Então notei Herr Matscher virar o corpo na direção da esposa. Ela estava interessada nas perguntas. Tinha opiniões sobre os azulejos. Ela interagia com Herr Matscher e refletia sobre suas sugestões.

Herr Matscher entendeu que estava falando com a pessoa errada. O marido podia ser o responsável pelo dinheiro, mas era a opinião e a decisão da esposa que importavam. A mulher tinha uma visão clara sobre o que queria para os azulejos. Seu marido não se importava; só queria deixá-la feliz e passar o cheque. Tecnicamente, o comprador era ele, mas ela era a cliente de verdade. Era ela quem precisava dar uma resposta positiva a Herr Matscher. Ele mudou o foco para a esposa no mesmo instante, e, após uma longa conversa sem nenhuma interação com o marido, os dois chegaram a uma conclusão.

– O que você acha, querido? – perguntou ela para o marido.

– Sim, sim, o que você preferir – respondeu ele, sem nem olhar para o azulejo que ela havia escolhido.

Herr Matscher entregou a conta para ele e o homem assinou um cheque sem fazer uma única pergunta.

– O que você acabou de aprender? – me perguntou Herr Matscher após o casal ir embora.

– Como vender nossa mercadoria – respondi, sem entender direito o que ele estava perguntando.

– Sim, mas isso é só uma parte – disse ele. – Você percebeu que eu mudei meu foco e passei a prestar atenção na mulher? Fiz isso porque era ela quem estava no comando daquela compra específica. Era ela que queria comprar azulejos para o banheiro. Era ela que escolheria a cor. Então me concentrei nela.

– Eu percebi – falei.

– Quando um casal ou um grupo entrar aqui – explicou ele –, você precisa entender quem está no comando, quem se importa com aquilo que você está vendendo, quem interage mais. Saiba quem é o cliente, quem manda e quem vai tomar as decisões.

Nunca vou me esquecer dessa conversa e do que ela me ensinou sobre prestar atenção e me conectar com as pessoas. Você nunca pode presumir que sabe quem é a sua clientela. A pessoa que precisa ser convencida a oferecer uma resposta positiva e se distanciar de um "não" nem sempre é a opção óbvia. A menos que você preste atenção em quem está prestando atenção em você, é impossível ter certeza de quem está encarando sua visão com bons olhos e de quem está tendo uma opinião negativa.

Uma parte importante de conseguir vender sua visão é observar como o mundo ao redor reage às suas empreitadas. É assim que entendemos quem quer dizer "sim" e quem você precisa que diga "sim". Se você conseguir fazer isso, descobrirá quem são seus clientes antes mesmo de eles perceberem que você está vendendo alguma coisa.

FAÇA TEMPESTADE EM COPO D'ÁGUA

Se pararmos para pensar, você mesmo é seu primeiro cliente. O objetivo de ter uma visão bem clara e bolar um plano para realizá-la é vender para você mesmo a possibilidade do seu sonho. Porém, com o tempo, você também precisa vendê-lo para o mundo. Uma das formas mais fáceis e autênticas de começar a vender é falar em voz alta com sua voz interior para que os outros também a escutem. Todas as coisas que você diz a si mesmo que deseja conquistar também deveriam ser ditas a outras pessoas.

O comprometimento público com a própria visão é essencial para algumas pessoas, porque elas acabam se distraindo com o planejamento e nunca colocam a mão na massa. Sonhar é mais fácil do que fazer. Comprometer-se publicamente com um grande objetivo é um ótimo jeito de dar o pontapé inicial. Esse também é um passo importante para muitos de nós que precisam que outras pessoas saibam de nossos sonhos para que eles alcancem todo o seu potencial. Pode ser abrir um restaurante ou uma oficina, lançar uma campanha política – qualquer coisa que precise de clientes ou apoiadores de algum tipo. Se você precisa que as pessoas saibam do seu objetivo, precisa contar a elas. E, se realmente quiser aumentar a exposição do seu sonho para o mundo, não apenas fale sobre ele, mas se comporte como se ele já tivesse se concretizado. Faça isso falando abertamente sobre seu plano, mas removendo a palavra "serei" do seu vocabulário.

Não é "Serei um ótimo fisiculturista". É "Eu me vejo como um ótimo fisiculturista".

Não é "Serei protagonista de filmes". É "Eu me vejo como protagonista de filmes".

Em campanhas políticas, isso acontece o tempo todo. Ninguém fala "Vamos receber no palanque, com uma salva de palmas, o homem que será o próximo governador da Califórnia...". Sempre é "Vamos receber no palanque, com uma salva de palmas, o próximo governador da Califórnia...".

Esse tipo de discurso é muito poderoso por dois motivos: primeiro, ele apresenta ao mundo a sua visão como se ela fosse uma realidade, obrigando você a se esforçar *agora* para torná-la um fato. Em segundo lugar, nos casos em que você precisa que outras pessoas acreditem na sua visão para ela alçar voo, falar como se ela já tivesse se concretizado é a melhor forma de marketing.

Para as pessoas que desejam integrar sua empresa, seu movimento ou seja lá o que for, transmitir a impressão de sonho realizado é como uma convocação.

Essa era a genialidade de Joe Weider e seu irmão, Ben. Eles não diziam "O fisiculturismo será um esporte muito popular". Eles diziam "O fisiculturismo é um esporte muito popular" e espalhavam essa mensagem por todo canto. Em viagens de divulgação para outros países, tentando organizar uma rede de federações internacionais de fisiculturismo, eles diziam aos políticos locais: "O fisiculturismo une nações." Que declaração!

No começo da década de 1960, quando eu era garoto, ao ler suas revistas e ver seus anúncios, não havia motivos para eu duvidar que o fisiculturismo fosse algo diferente do que os Weider anunciavam. Aquele *só podia* ser um esporte popular, com fãs no mundo todo. Campeões de fisiculturismo faziam filmes, afinal de contas. Eles estavam nas capas de revistas e apareciam em fotos ao lado de mulheres lindas, em locais famosos como Muscle Beach. Faziam propaganda de produtos. Isso só aconteceria se o fisiculturismo realmente fosse popular, certo?

Errado.

No fim de 1968, quando cheguei a Venice Beach, logo descobri que Joe havia exagerado um pouquinho. Fazia quase uma década que Muscle Beach havia fechado. Fisiculturistas não andavam para todo lado com uma prancha de surfe embaixo do braço e uma loura de biquíni no outro. Eles também não eram ricos e famosos. A Weider Nutrition, que eu achava ser uma operação imensa, não apenas o centro do mercado de fisiculturismo, mas o centro de *todos* os mercados, não passava de uma empresa americana que tinha alcançado um sucesso normal. Havia um bom número de funcionários em vários escritórios, que vendiam uma quantidade impressionante de produtos, mas os aviões estampados com o nome de Weider que apareciam em suas revistas não existiam. Joe tinha alugado um avião para uma sessão de fotos e colocado um logotipo falso na lataria.

Mesmo assim, isso não fazia diferença para mim. Ao longo dos anos, Joe havia convencido a mim e a milhares de outras pessoas que os Estados Unidos eram o lugar onde concretizaríamos todas as visões e onde poderíamos dar o próximo passo na nossa jornada rumo ao sucesso. Los Angeles também era a cidade certa para alcançarmos nosso objetivo. Além disso, sendo um jovem esforçado de 21 anos, cheio de energia, o fato de eu precisar ter que trabalhar um pouco mais do que imaginava para popularizar o fisiculturismo não fez muita diferença. Joe havia conseguido fazer o esporte crescer a ponto de chamar a minha atenção e me levar para os Estados Unidos. Agora havia chegado a hora de eu fazer a minha parte, vender a visão, tornar o esporte ainda mais popular e chamar atenção das outras pessoas.

Decidi contratar um agente, que me ajudou a participar de programas como *The Dating Game*, *The Mike Douglas Show* e, mais tarde, *The Tonight Show Starring Johnny Carson*. Participei de seminários de fisiculturismo por todo o país para complementar meus livretos de treino, fazer divulgações e educar quem se interessasse pelo assunto. Eu aceitava qualquer oportunidade para contar a história do fisiculturismo da forma como eu e Joe acreditávamos que ela deveria ser contada, e isso incluiu uma conversa com Charles Gaines e George Butler em 1973 para seu livro, *Pumping Iron* (Puxando ferro), que abriria as portas para tudo que aconteceu no restante da década.

No verão de 1974, dei uma entrevista para um jornalista do *Los Angeles Times*, na qual pude desbancar todos os mitos sobre fisiculturismo e explicar sobre o que de fato se tratava o esporte. Eu o vendi para o repórter da mesma forma como Joe o vendera para mim em seus artigos. O resultado foi uma matéria longa e justa, que me chamava de "o Babe Ruth do fisiculturismo" e incluía uma foto de corpo inteiro que estampou a primeira página da seção de esportes com uma manchete que ostentava quanto dinheiro eu conseguia ganhar apenas com o fisiculturismo. Alguns meses depois, a revista *Sports Illustrated* escreveu uma matéria sobre o concurso Mister Olympia, que aconteceu no Madison Square Garden naquele ano, usando o mesmo tom que um jornalista esportivo usaria para descrever os melhores atletas nos esportes mais populares daquela época.

Menos de dois anos depois, o Mister Olympia foi transmitido em rede nacional pela primeira vez, ao vivo, durante o programa *Wide World of Sports*, da ABC. Fui fotografado e pintado por artistas famosos, como Andy Warhol, Robert Mapplethorpe, LeRoy Neiman e Jamie Wyeth. Em fevereiro de 1976, eu, Frank Zane e Ed Corney recebemos o convite para posar para um grupo de historiadores e críticos de arte no Whitney Museum de Nova York, como parte de uma exibição chamada "Articulate Muscle: The Male Body in Art" (Músculo articulado: o corpo masculino na arte), que a *Sports Illustrated* descreveu como uma oportunidade de nos observar "não só em termos atléticos, mas como artistas vivendo dentro das nossas próprias criações". O evento foi tão popular que, depois de todas as cadeiras do museu serem ocupadas, o público começou a se sentar no chão!

No começo da década, seria impossível imaginar que os "musculosos esquisitos" que faziam parte daquela subculturazinha estranha seriam chamados de artistas ou obras de arte, ou que publicações como o *Los Angeles Times* e a *Sports Illustrated* fariam matérias sérias sobre nós. Mas foi isso que aconteceu. Nós estávamos fazendo sucesso. Ao efetivamente me transformar no garoto-propaganda do fisiculturismo, consegui nos ajudar a finalmente apresentar e explicar o esporte de um jeito que se aproximava daquilo que todos tentávamos conquistar.

Em 1975 ou 1976, o fisiculturismo havia passado de uma subcultura para parte da cultura. No fim da década, todo mundo, de dançarinos a médicos, estava dando uma chance ao levantamento de peso. As pessoas faziam isso para ficar com uma boa aparência, se sentir bem e entrar em forma. Elas usavam pesos como parte de tratamentos de fisioterapia e reabilitação. Atletas de outros esportes também começaram a levantar mais peso em uma tentativa de melhorar sua performance em competições. Com isso, academias começaram a surgir por todo canto.

Acho que Joe acreditava que todas essas mudanças fossem acontecer. Esse foi um dos motivos que o levaram a pagar minha passagem e me ajudar no começo. Ele sabia que eu era o tipo de cara empolgado que faria propaganda do fisiculturismo sem parar, em uma tentativa de realizar meus próprios sonhos, e, no processo, acabaria realizando os sonhos dele também.

É essa distinção essencial sobre a estratégia de Joe Weider que pode liberar todo o potencial da sua visão caso você a leve a sério. Como vendedor, Joe apresentou o fisiculturismo como algo maior do que era na realidade, mas todas as decisões que tomou e todos os passos que deu depois disso tinham o objetivo de concretizar essas promessas de marketing. O que ele fez, como sonhador, marketeiro e autopromotor, foi projetar para o mundo o tamanho que sabia que o fisiculturismo e seu próprio negócio alcançariam se ele permanecesse firme em seu propósito. Ele mostrou para todo mundo com um sonho parecido qual era o caminho e o destino final, e, se você quisesse acompanhá-lo na jornada para popularizar o fisiculturismo, poderia ter uma participação importante. O fato de ele ainda não ter chegado lá não era significativo. A questão era apenas *quando* aquilo aconteceria, não *se* aconteceria. Hoje em dia, o mercado fitness fatura 100 bilhões de dólares por ano.

Joe estava à frente do seu tempo. Muitos empreendedores famosos hoje em dia seguiram seus passos, mesmo sem saber disso, porque a forma como ele se promovia e se vendia é semelhante à de startups bem-sucedidas do Vale do Silício, como o Airbnb, por exemplo, que traçaram seu caminho para se tornarem "unicórnios" mundiais que valem bilhões de dólares. Se, em vez de falarem sobre o potencial revolucionário de uma pessoa normal poder dormir na casa de alguém em qualquer lugar do planeta, os fundadores do Airbnb tivessem apenas apresentado sua ideia original de serem uma alternativa de hospedagem para pessoas que iam a conferências em cidades onde todos os hotéis estavam lotados, eles jamais teriam crescido tanto. Mesmo que depois dissessem "Olha, queremos ir além dessa ideia e estamos empolgados com todas as possibilidades!", ninguém engoliria a proposta se eles também não articulassem e vendessem a visão mais ampla como se já estivessem a meio caminho andado desse sucesso empresarial específico. Aprendi isso com Joe logo no começo.

Existe um ditado motivacional que adoro: "Visualize. Acredite. Conquiste." Mas acho que falta um passo no meio disso tudo: *Explique*. Antes de conseguir alcançar seus objetivos, acho que você precisa expressá-los. Compartilhá-los. Acredito que você precisa admitir para si mesmo e comunicar aos outros que esse negócio que surgiu na sua mente como uma ideia boba se transformou em um sonho imenso, com um potencial enorme de beneficiar a sua vida e a dos outros.

SEJA SUBESTIMADO

Um bom vendedor sabe que o segredo para fazer uma venda e conquistar um cliente pela vida inteira é lhe dar mais do que o esperado e passar a impressão de que ele sempre está levando vantagem. Quando você está se vendendo, a melhor forma de superar expectativas todas as vezes é manter essas expectativas baixas pelo máximo de tempo possível. Ou talvez um argumento melhor seja que você não deveria ter medo de deixar seu cliente se apegar a baixas expectativas, porque assim é muito mais fácil impressioná-lo e vender o que tem a oferecer.

Duas semanas antes da eleição pelo afastamento do governador em 2003, participei de um debate televisionado com os outros quatro candidatos principais. Esse foi *o* momento de grande peso daquela campanha maluca. Quinhentos jornalistas solicitaram credenciais para participar. Havia pelo menos sessenta câmeras na sala. O debate foi exibido ao vivo em todos os canais de notícias pagos, além de todas as emissoras públicas locais do estado. De acordo com as pesquisas daquela semana, dois terços dos eleitores disseram que o resultado do debate teria uma forte influência em quem votariam. O principal candidato democrata, o vice-governador Cruz Bustamante, estava no topo das intenções de voto. Ninguém sabia o que esperar, mas, a julgar pelas notícias que antecediam o debate, todos achavam que eu passaria vergonha.

Fazia semanas que estavam questionando minha credibilidade. Ele é ator, será que é uma pessoa séria? Ele é fisiculturista, será que tem ideias? Ele é mesmo tão inteligente assim? Ele é rico e famoso, será que realmente se importa? Como ele pode ser qualificado para liderar 40 milhões de pessoas e administrar a sexta maior economia do mundo?

Não vou mentir: para o meu ego, todas essas perguntas foram frustrantes demais. Eu lidava com esse tipo de dúvida desde que tinha me mudado para os Estados Unidos, e acredito que, em todas as vezes, o motivo foi o mesmo: as pessoas nunca tinham visto alguém como eu. Na década de 1970, não havia muitos caras em Los Angeles exibindo 106 quilos de músculos. Na década de 1980, Hollywood não tinha heróis de ação que pareciam capazes de *realmente* matar os vilões. Também não havia protagonistas com músculos tão acentuados quanto seu sotaque. Lembro que, quando participei do meu primeiro talk show noturno, respondi à pergunta mais simples do mundo, e o apresentador disse: "Você sabe falar! Ai, meu Deus, senhoras e senhores, ele sabe falar!"

E todos bateram palmas. A mesma coisa estava se repetindo conforme eu entrava para a política.

Se você algum dia se encontrar em uma situação parecida, tendo que vender sua visão para pessoas em posição de poder ou influência, saiba que está recebendo uma oportunidade de ouro. Quando você é diferente, quando você é único, e ninguém nunca lidou com alguém parecido, as pessoas vão subestimar demais suas capacidades.

Não permita que seu ego vença a batalha. Não corrija ninguém. Se você conseguir manter o foco em vencer e alcançar seus objetivos, pode usar as dúvidas e a arrogância das pessoas a seu favor, direcionando com facilidade a conversa, a entrevista ou a negociação para seu assunto de preferência, seja ele qual for.

O direcionamento é uma técnica de comunicação que todo mundo pode usar para assumir o controle de uma discussão hostil ou para evitar uma pergunta que você não quer responder, mudando a conversa para um assunto mais favorável aos seus propósitos, e não aos propósitos da pessoa do outro lado do microfone ou da mesa de negociações. Foi o saudoso Jim Lorimer, meu amigo de longa data, mentor e sócio no Arnold Sports Festival, quem me ensinou sobre direcionamento. Jim foi advogado, agente do FBI, político local, executivo de uma seguradora, professor de Direito e autor de vários livros sobre legislação. O cara sabia alguma coisa sobre responder às perguntas que desejava ouvir, não às que você queria fazer. O argumento de Jim era que ninguém que enfia um microfone na sua cara e faz um monte de perguntas tem a intenção de fazer um favor a você. Essas pessoas têm os próprios objetivos, seja encontrar uma forma de encher linguiça, arrancar uma declaração controversa que chame bastante atenção ou, em alguns casos, simplesmente fazer você parecer um babaca.

Você não deve nada a elas. Com certeza não deve a resposta que elas acham que merecem. Esse tempo é tão seu quanto delas. Essa é a sua oportunidade de contar a sua história e a sua visão tanto quanto é a oportunidade delas de bolar qualquer narrativa que pareça mais interessante. Então, aproveite a oportunidade e dedique um tempo para desviar a conversa daquilo que elas querem escutar para o que você precisa dizer para alcançar seus objetivos.

A melhor forma de fazer isso, como me ensinou Jim, é escutar a pergunta feita e começar sua resposta aceitando a premissa da pergunta, para estabelecer um ponto em comum com o entrevistador. Isso faz a outra pessoa se sentir um pouco mais segura. Em seguida, você imediatamente dá meia-volta e reformula a pergunta, dizendo o que quiser. Vou mostrar como se faz.

– Arnold, você nunca concorreu a nenhum cargo político. Por que acha que está preparado para administrar o maior estado do país?

– Essa é uma ótima pergunta, mas sabe o que seria uma pergunta melhor ainda? Como o maior estado do país conseguirá sobreviver com os mesmos tipos de políticos que nos enfiaram nesta furada, para começo de conversa?

É como judô. Você não resiste à força das pessoas que subestimam você. Em vez disso, usa a força delas a seu favor, dominando-as, girando e jogando-as de bunda no tatame. Você quer direcionar as coisas que elas falam para dentro do lixo, que é o lugar dela.

Sem perceber, o que os críticos e jornalistas fizeram com suas perguntas cretinas antes do debate foi me ajudar a direcionar a conversa para meus objetivos. Suas matérias simplistas sobre minha candidatura só serviram para diminuir as expectativas dos eleitores em relação ao que eles precisavam ouvir de mim para eu me tornar um candidato viável. Na noite do debate, parecia que bastaria eu aparecer sóbrio e permanecer acordado para suprir a expectativa da mídia quanto ao meu desempenho.

Resolvi fazer melhor do que isso. Conforme o debate se tornava caótico e os candidatos começavam a brigar uns com os outros sobre o palco com um formato esquisito de V, eu me concentrei em direcionar todas as perguntas do moderador e todos os comentários maldosos dos meus oponentes para falar sobre liderança, citando algumas das minhas ideias e soltando algumas piadas oportunas só para fazer graça. Arianna Huffington não gostou quando falei que eu tinha um papel para ela em *O Exterminador do Futuro 4*. Da mesma forma que Cruz Bustamante não ficou feliz quando o chamei de "Gray Davis: a sequência". Meu objetivo para aquela noite era mostrar que eu era um bom ouvinte, um comunicador eficiente, um lutador e um patriota que sentia que estava na hora de retribuir tudo que recebi e colocar o povo da Califórnia em primeiro lugar. Basicamente, eu queria mostrar aos eleitores que eu era o oposto de tudo e todos que tinham nos levado àquela situação.

E consegui.

Na véspera do debate, eu tinha cerca de 25% das intenções de voto. No dia da eleição, duas semanas depois, recebi 48,6% dos votos – 4,2 milhões no total. Mais de 300 mil à frente do segundo e do terceiro lugar *juntos*.

As pessoas não acreditavam. Em todo o país, meios de comunicação publicavam histórias sobre a minha evolução meteórica. Só que eu não tinha evoluído. Eu tinha passado horas me preparando, ensaiando as piadas que usei, repetindo meus argumentos várias vezes até decorá-los, abraçando as políticas que acreditava serem mais importantes para o futuro da Califórnia. Em resumo, eu permanecia o mesmo. Eram os outros que finalmente haviam reconhecido quem estavam subestimando aquele tempo todo.

SEJA VOCÊ MESMO, ADMITA SUA HISTÓRIA, RECEBA AS RECOMPENSAS

Era 10 de novembro de 2005. Fazia dois anos que eu era governador da Califórnia e havia acabado de levar uma surra em um plebiscito especial que eu tinha convocado, apesar dos alertas da minha equipe, para apresentar aos eleitores quatro ideias de políticas públicas que eu não conseguia avançar na Assembleia Legislativa. Como expliquei para o grupo de jornalistas reunido na sede do governo para a coletiva de imprensa logo após a votação, quando quero fazer uma coisa, algo em que realmente acredito, sou insistente e impaciente.

Foi uma campanha difícil. Gastamos muito dinheiro. Acabamos nos metendo em muitas brigas, em público e em particular. A cobertura dessas batalhas na mídia não foi simpática. No final, minha taxa de aprovação despencou para 33%, mais baixa do que a de George W. Bush na Califórnia, o que quer dizer bastante coisa. Com a campanha para a reeleição se aproximando, analistas previam que minha interpretação errada do cenário político havia me custado o restante do mandato como governador.

O povo da Califórnia havia me elegido para ser um governador diferente e lutar contra os interesses especiais que controlavam o Capitólio. O que ele me dizia agora, nas urnas, era "Olha só, Schnitzel, colocamos você aí para trabalhar, não para transferir o trabalho para a gente". Enquanto me dirigia aos 35 milhões de residentes da Califórnia por intermédio dos jornalistas e das câmeras de televisão, fiz questão de deixar claro que eu tinha entendido a mensagem.

"Assumo toda a responsabilidade pelo plebiscito", falei. "Assumo toda a responsabilidade pelo fracasso dele. A culpa é só minha."

Minha equipe estava atrás de mim. Eu tinha passado o dia anterior com eles, fazendo reuniões, analisando as tendências, entendendo melhor os números. Eles estavam desanimados. Três das quatro propostas perderam por diferenças de dois dígitos. Isso não era culpa da minha equipe, e deixei isso claro. Antes de falar com a imprensa, eu tinha passado horas tomando café da manhã a portas fechadas com a liderança do Senado e da Assembleia Legislativa. No cardápio, estavam vanglórias acompanhadas de "Eu bem que avisei", e engoli os dois. Cinco meses antes, ao anunciar o plebiscito, eu não imaginava que teria que ir até o microfone e assumir a responsabilidade por aquele resultado.

Coloque-se no meu lugar por um instante. Como você acha que eu me senti? Exposto na frente dos meus adversários e das pessoas que mais acreditavam em mim, na frente do estado inteiro, do país inteiro, na verdade, e admitindo que eu tinha me enganado. Que eu tinha cometido um erro. Decepcionei muitas pessoas, e a culpa era apenas minha.

Talvez você se surpreenda, mas não foi nem um pouco difícil. Claro, responsabilizar-se pelo resultado de todo um plebiscito – e pela existência dele, para falar a verdade – era algo inédito para um político de destaque. Mas não era inédito para mim. Eu não fujo das minhas responsabilidades. Admito quem sou e as coisas que fiz, meus sucessos e meus fracassos. Aquele era apenas o exemplo mais recente de me deparar com uma decisão controversa ou com uma verdade desconfortável e admiti-la. Durante a campanha para o governo do estado, me perguntaram se eu já havia fumado maconha. Ao contrário de outros políticos, não me fiz de rogado. Respondi: "Sim, e traguei." Quando um jornalista desencavou um vídeo louco que fiz para a *Playboy* em um Carnaval do começo da década de 1980, não tentei inventar explicações nem negar nada. Apenas falei: "Foi muito divertido." Porque foi mesmo.

Por que mentir? Que diferença isso faria? As pessoas votarem em mim porque eu *não* era um político típico com uma imagem impecável e falsa. Sou uma pessoa normal, que gosta de se divertir. Por que fingir que as coisas que me levaram até ali e me tornaram a pessoa que sou não aconteceram? Eu só estaria vendendo a história de alguém que eu não conheço.

Você deveria pensar nessa questão. De que adianta tentar ser alguém que você não é? Esconder sua história verdadeira e deixar que outra pessoa a exponha? Onde você acha que vai parar? Garanto que não será em nenhum lugar bom. Aceite quem você é! Admita sua própria história! Mesmo que você não goste dela. Mesmo que ela seja ruim e você tenha vergonha. Se fugir e se esconder do passado, se negar sua história e tentar vender uma diferente, mesmo com boas intenções, você ficará parecendo um golpista. Ou pior, um político.

Com isso em mente, assumir a responsabilidade pelo plebiscito foi uma escolha fácil. Também foi a escolha certa e inteligente se eu ainda quisesse alcançar a visão que tinha para a Califórnia quando decidi me tornar governador. Se eu não me posicionasse e explicasse o que tinha acontecido, por que tinha acontecido, quem era responsável, como as coisas poderiam ter sido diferentes e o que faríamos depois daquilo tudo – se eu não preenchesse esse espaço primeiro –, meus oponentes e todos aqueles jornalistas diante de mim dariam suas próprias explicações, do seu próprio jeito, distorcendo minhas ideias e usando as palavras de outras pessoas cujas visões provavelmente não se alinhavam com as minhas.

O que exatamente aconteceu? Ironicamente, não consegui contar direito a minha história. Não consegui vender o valor de cada medida que eu tinha apresentado para ser votada e não consegui conectá-las com a minha visão para a Califórnia. Não consegui transmitir de forma eficiente as questões essenciais de cada medida. E por que não consegui fazer essas coisas? Fui agressivo demais em meus discursos. Fui técnico demais nas minhas explicações. Presumi que as pessoas entenderiam do que eu estava falando ou que elas se informariam, porque aquelas questões eram importantes e teriam um forte impacto na vida delas.

Nossa, eu perdi completamente a noção de quem era a minha clientela. Os eleitores moderados e indecisos que eu precisava convencer não entenderam como aquelas questões fariam diferença na vida deles. Estabilidade no emprego para professores. Teto de gastos para o estado. Contribuições políticas e impostos para a União. Até a reforma da redivisão dos distritos não impressionou. Neste último caso, foi porque me concentrei na mecânica dos distritos, e não na filosofia por trás dos motivos pelos quais precisávamos mudar isso: para remover o poder das mãos dos políticos, para que os distritos do estado pudessem refletir com mais precisão como as pessoas viviam.

Em termos simples, eu tinha preenchido as lacunas com um monte de bobagens que não interessava ao povo da Califórnia na época. A culpa era minha, e eu nunca mais faria aquilo com as pessoas. Nem deixaria que elas resolvessem disputas que surgissem entre o meu governo e a Assembleia Legislativa. Dali em diante, nós entraríamos em um consenso em relação às coisas que conseguiríamos resolver juntos, depois nos concentraríamos em aprovar projetos relacionados a esses temas. Essa foi a promessa que fiz ao povo na coletiva de imprensa, e foi exatamente isso que aconteceu.

Você não acredita em mim? Vou contar o que aconteceu no

restante do meu mandato. No ano seguinte, eu e a assembleia legislativa trabalhamos juntos como nunca. Tivemos sessões ótimas e construtivas, que resultaram na Proposta da Assembleia 32, uma lei ambiental revolucionária que pretendia reduzir as emissões de gás estufa em 25% até 2020; na Proposta do Senado 1, a política de energia solar mais ambiciosa até então, que ficou conhecida como a iniciativa de "um milhão de tetos solares"; e um pacote de 50 bilhões de dólares dedicados à infraestrutura para reconstruir as estradas, rodovias, pontes, salas de aula, barragens, habitações populares e ferrovias da Califórnia, entre outras coisas. E sabe o que foi essencial para conseguir vender esse pacote de infraestrutura para o povo? Depois de aprender a lição de 2005, eu raramente usava termos técnicos como "infraestrutura" isoladamente. Em vez disso, eu falava da necessidade de reformar nossas estradas antigas e construir novas, para que pais não passassem um tempão presos no trânsito e perdessem os treinos de futebol dos filhos com tanta frequência. Eu falava de consertar pontes e linhas férreas para as pessoas conseguirem comprar as coisas de que precisavam quando precisavam. Quanto mais rápido as pessoas e os produtos circulassem, expliquei aos eleitores da Califórnia, maior seria nosso poder econômico. Parei de falar sobre a corrupção e as inequidades das políticas de redistribuição de distritos do nosso estado, e expliquei aos eleitores que eu queria tirar o poder dos políticos e entregá-lo nas mãos do povo. Contei minha história usando uma linguagem que de fato se conectava com a vida das pessoas para quem eu queria vender minhas ideias. Então, em junho de 2006, fui reeleito governador com uma porcentagem ainda maior do eleitorado (55,9%) e ainda mais votos (4,85 milhões) do que em 2003.

Imagine se eu não tivesse convocado aquela coletiva de imprensa após o plebiscito. Se, em vez disso, eu tivesse me escondido na minha sala e me recusado a falar com as pessoas e a emitir um comunicado. Se tivesse me recusado a assumir a responsabilidade pelo erro que cometi e a pedir desculpas, eu seria um político típico, exatamente o oposto do que os eleitores queriam quando me elegeram. Mas, pior ainda, isso daria a todos os meios de comunicação carta branca para falar do plebiscito da forma como bem entendessem. Sem dúvida, as matérias seriam horríveis. A narrativa seria "Arnold levou apenas dois anos para se tornar parte do problema – outro político desalmado, arrogante e distanciado da realidade". Consigo imaginar as manchetes maldosas: ARNOLD É EXTERMINADO PELOS ELEITORES. UM ROBÔ ARRUINADO. HASTA LA VISTA, GOVERNADOR.

Só que essas manchetes nunca ganharam vida. As matérias que vieram depois foram completamente diferentes das que foram escritas sobre o debate de 2003 e a eleição após o afastamento do governador. Não havia um ar de choque nem de surpresa. Elas não estavam cheias de fofocas e observações mentirosas. Se muito, as matérias de 2005 eram chatas. Práticas. Quase desinteressantes. Eram análises políticas e comentários típicos. Porque eu tinha tomado uma decisão, como você também deve tomar, de admitir a minha história, escrevê-la por conta própria, com as minhas próprias palavras.

Nos dois primeiros dias após a eleição pelo afastamento do governador, os analistas que previam meu fracasso achavam que a assembleia dominada por democratas jamais colaboraria com alguém que todo mundo achava que seria um governador republicano incompetente. O fato de eu ter sido reeleito de lavada menos de oito meses depois... provavelmente pareceu algo saído de um filme de ficção científica. Mas era a vida real.

Nada vende melhor do que uma história verdadeira de uma pessoa real. Ainda mais quando a história é sobre essa pessoa. Não é algo que faça diferença apenas para ser eleito ou aparecer na capa de uma revista. Também vale para quando você estiver tentando convencer seu chefe a conceder um aumento, para chamar a atenção de alguém interessante ou para receber o apoio da sua família quando você se alista no Exército. Em todos os casos, não importa qual seja o seu sonho, você está vendendo a si mesmo, está vendendo a história da vida que deseja criar para si mesmo. Ou você preenche as lacunas por conta própria, com sinceridade e honestidade, nas suas próprias palavras, ou outra pessoa fará isso no seu lugar, recebendo as recompensas em seu nome.

Talvez isso pareça intimidante agora, mas eu juro que você é capaz. Faz muito tempo que estou neste mundo. Conheci muitas pessoas felizes e bem-sucedidas em todo o planeta. Pessoas famosas. Pessoas poderosas. Pessoas interessantes, criativas. Pessoas normais, boas, trabalhadoras. O que todas têm em comum é que nunca permitem que os outros escrevam suas histórias. Elas sabem vender a própria visão melhor do que ninguém, e saber disso faz com que sigam tranquilas pela vida.

CAPÍTULO 5

TROQUE DE MARCHA

Em março de 2020, eu estava trancado em casa como a maioria das pessoas, vidrado na minha televisão, assistindo às notícias sobre o vírus mortal que se espalhava pelo planeta e tinha acabado de paralisar os Estados Unidos. No começo da pandemia, todos nós ouvimos o presidente e o governador da Califórnia, onde eu moro, repetirem várias vezes que não havia respiradores e máscaras suficientes, além de outros equipamentos de proteção individual (EPIs) para as equipes dos hospitais e profissionais de primeiros socorros. Nós tínhamos algumas reservas estratégicas, diziam eles, mas elas acabariam rapidamente e poderia levar semanas, talvez até meses, para reunirmos EPIs suficientes para suprir a demanda crescente. Não havia prazo para conseguirmos mais respiradores.

Eu não conseguia acreditar no que estava ouvindo. Aquilo parecia loucura. Os Estados Unidos são o terceiro maior país do mundo em termos populacionais e a maior economia mundial. Como assim a gente não tinha máscaras suficientes? Impossível.

Liguei para alguns hospitais em Los Angeles com que tive contato ao longo dos anos, como paciente ou político. Telefonei para o UCLA Medical Center, o Cedars-Sinai, o Martin Luther King Jr. Community Hospital, o Keck Hospital of USC e o Santa

Monica Medical Center. Perguntei aos administradores de cada um como estava a situação. Todos me disseram que estavam com dificuldade de conseguir EPIs. Alguns hospitais já pediam para os médicos e enfermeiros levarem suas máscaras para casa à noite para lavá-las e reutilizá-las no plantão seguinte. Os outros hospitais estavam quase chegando a esse ponto, mas torciam para o governo ajudar antes disso.

Fiquei muito frustrado com a situação. Em 2006, na época do surto de gripe aviária na Ásia, destinei um orçamento de mais de 200 milhões de dólares para montar uma reserva estratégica de suprimentos e equipamentos médicos para o estado da Califórnia, a chamada Iniciativa de Capacidade de Calamidades de Saúde, para o caso de uma pandemia como aquela. Ela continha 50 milhões de máscaras N95 e quase 2.500 respiradores, junto com todos os equipamentos necessários para montar hospitais de campanha do tamanho de um campo de futebol, e recursos financeiros suficientes para manter o estoque. Só que, cinco anos depois, durante uma crise orçamentária, meu sucessor cortou a verba do estoque para economizar alguns milhões por ano. Com o tempo, todas as máscaras e respiradores se tornaram inutilizáveis, até os que foram doados para hospitais locais, porque ninguém recebia o dinheiro adicional para a manutenção.

No começo da pandemia, nossa reserva estratégica teria suprido com facilidade todos aqueles hospitais. E, agora, lá estávamos nós, com os administradores hospitalares da segunda maior cidade do país esperando uma providência da liderança do maior estado do país, que esperava uma providência da liderança do país mais rico da história do mundo – e ninguém tinha a menor ideia do que fazer. Não é de surpreender que as pessoas odeiem políticos. Nenhum deles conhecia o mercado aberto? Era só entrar no Alibaba.com e comprar 10 milhões de máscaras de um monte de fábricas na China. Ou ligar para uma daquelas empresas de logística imensas, que servem apenas para suprir coisas como máscaras no atacado e entregá-las no mundo todo.

A incompetência me deixou doido. Mesmo assim, não dei nenhuma declaração pública nem cobrei esses líderes. Para começo de conversa, eu já havia estado no lugar deles e sabia que situações de crise em que as soluções parecem óbvias para as pessoas que estão de fora sempre são mais complicadas do que parecem. Porém, o mais importante é que tenho uma regra: não reclamo de situações a menos que eu esteja disposto a tomar alguma providência para resolvê-las. Se você encontrar um problema e não estiver disposto a apresentar uma solução em potencial, não quero ouvir suas reclamações. Não deve ser tão ruim assim se você não sente necessidade de tentar resolver a questão.

E desde quando reclamar ajuda alguém a alcançar seus objetivos? Você trabalha para realizar um sonho, não fica reclamando até ele se concretizar. Além disso, problemas e adversidades são parte normal da jornada de todo mundo. Seja lá qual for a sua visão, você encontrará desafios. Momentos difíceis. Coisas absurdamente chatas. Você precisa aprender a lidar com essas fases. Você precisa encontrar uma forma de trocar de marcha e encontrar o lado positivo das situações. Você precisa saber reformular seus fracassos e compreender os riscos que está assumindo. Enfrentar problemas em vez de ficar reclamando deles é uma oportunidade de praticar todas essas habilidades.

No meu caso, com a falta de máscaras, me dei conta de que trocar de marcha – parar de ficar reclamando para Lulu e Whiskey (meu burro e meu minicavalo) enquanto assistia ao noticiário no meu pátio e tentar resolver o problema que aqueles políticos inúteis tinham criado – me daria a oportunidade de executar a minha visão para esta fase da minha vida, que é ajudar o máximo de pessoas possível.

Liguei para meu chefe de gabinete. A esposa dele trabalhava para uma dessas empresas de logística que acabei de mencionar. "Converse com ela", falei, "e veja se podemos fazer alguma coisa para ajudar essas pessoas."

Conseguimos fazer contato com alguém da empresa naquela tarde, e, veja só que coisa, a empresa de logística, Flexport, já estava em negociações com pessoas que tentavam resolver esse problema como parte de uma campanha de angariação de fundos chamada Fundo de Profissionais da Linha de Frente. Eles já tinham concedido alguma verba, explicou o representante da Flexport, mas seria ótimo se quiséssemos ajudar também, porque eles tinham uma fonte de milhões de máscaras e outros tipos de EPIs na China que poderiam trazer para o estado. A única questão era quantos milhões nós compraríamos.

A primeira coisa que pensei foi: como é que o presidente, o governador, nossos senadores, ou *qualquer* senador, não têm conhecimento disso? Seria de imaginar que eles pelo menos fingissem que sabiam o que estavam fazendo. Mas me controlei. Não havia tempo para reclamar. Eu não podia deixar que minha frustração com o fracasso do sistema me impedisse de encontrar uma solução para o problema.

A segunda coisa que pensei foi: com que rapidez consigo transferir um milhão de dólares para esse pessoal? E, depois: com que rapidez vamos conseguir entregar as máscaras para os hospitais com que entrei em contato? A Flexport disse que a entrega chegaria aos Estados Unidos em três dias, e as caixas de EPIs seriam direcionadas para cada hospital. Imediatamente liguei para minha equipe e pedi para que transferissem um milhão de dólares para o Fundo de Profissionais da Linha de Frente naquele dia. No fim da semana, as caixas lotadas de centenas de milhares de máscaras já estavam a caminho dos hospitais.

TROQUE DE MARCHA E ENCONTRE O LADO POSITIVO

Faz pouco tempo que os cientistas sociais entenderam de fato por que parecemos ter reações mais exacerbadas a coisas negativas do que a coisas positivas. Nós clicamos em imagens e notícias negativas com mais frequência do que nas positivas. Dedicamos mais energia nos preocupando com resultados negativos do que torcendo pelos positivos. Nós até temos mais palavras para descrever emoções negativas do que positivas. Existe um nome para esse fenômeno: ele se chama "viés de negatividade", e os cientistas acreditam que é um tipo de mecanismo de sobrevivência. Nossos ancestrais que se preocupavam menos com a possibilidade de doenças e mortes e se concentravam mais nas experiências positivas provavelmente tinham a tendência a serem eliminados de forma desproporcional, então os últimos 6 milhões de anos de evolução humana aumentaram nossa sensibilidade a influências negativas em detrimento das positivas. Muitos vieses que carregamos de um passado longínquo não são tão úteis quanto já foram um dia, e esse com certeza é um deles.

Se pararmos para pensar, ele até faz muito sentido, mas serei sincero: não serve de nada para a minha vida. Para mim, concentrar-se no lado negativo das coisas é perda de tempo, porque eu não quero apenas sobreviver; quero prosperar e quero que você também prospere. É por isso que acredito que todos nós precisamos aprender a aceitar nossas circunstâncias e ajustar nossa perspectiva para buscar o lado positivo em todas as situações que surgirem pelo caminho.

Sei que isso é difícil para algumas pessoas. Eu tenho sorte; sou assim desde que me entendo por gente. Todos os meus amigos dizem que uma das minhas características mais marcantes é a capacidade de encontrar prazer em tudo que faço. Ser positivo tornou minha vida melhor, simples assim. Sei que também pode tornar a sua vida melhor. Caramba, talvez isso até a salve um dia. Todos os oncologistas dizem que pacientes otimistas têm prognósticos melhores. Parece um conceito meio fantasioso, eu sei, mas os médicos que tratam o câncer sabem melhor do que ninguém que, se você se sentir incapaz de mudar sua situação, vai estar certo. Se você acreditar que consegue superar as adversidades – não apenas sobreviver apesar delas, mas prosperar *por causa* delas –, também vai estar certo.

Penso muito em como a minha vida seria diferente se eu não fosse uma pessoa positiva, se tivesse reagido de outra forma à maneira como fui criado em Thal. Eu não tomava banhos quentes nem comia carne regularmente nas refeições até entrar para o Exército na adolescência. Minha rotina matinal envolvia buscar água e cortar lenha, duas atividades horríveis durante o inverno e que não despertavam nem um pingo de pena do meu pai, que tinha passado por coisas muito piores na infância. Nada era de graça na casa de Gustav Schwarzenegger. Nem a comida. Eu tinha que fazer duzentos agachamentos toda manhã só para "ganhar" o café. Nada abre mais o apetite do que ficar levantando e abaixando como se estivesse num pula-pula de barriga vazia.

O esforço de tanto desconforto e desses trabalhos ingratos poderia ter me desanimado para a vida ou feito as imagens dos Estados Unidos que eu via nas revistas e noticiários parecerem impossíveis de conquistar. Poderia ter acabado com meu instinto de olhar além do horizonte. Eu com certeza não recebia nenhum incentivo em casa para pensar em uma vida além das colinas do sudeste da Áustria. Um bom emprego na delegacia de polícia esperava por mim quando eu saísse do Exército. Outras pessoas queriam ter a minha sorte, segundo meu pai. Ele também não entendia nem aprovava meu interesse pelo fisiculturismo. Achava que era uma prática vaidosa e egoísta.

"Se você quer ficar forte e musculoso", dizia ele, "devia cortar lenha. Pelo menos isso vai ajudar os outros."

E havia as ocasiões em que ele voltava bêbado do trabalho e batia em nós. Essas noites eram muito difíceis.

Teria sido fácil me distrair com todas essas adversidades, mas preferi encarar as coisas pelo lado positivo. Sempre escolhi fazer isso – reconhecer que, na grande maioria dos dias, meu pai era um bom pai, e minha mãe era a melhor mãe. Que a vida não era empolgante nem muito confortável, pelo menos não segundo os padrões modernos, mas era uma boa vida. Uma vida que me ensinou muito e que me levou à minha paixão, ao meu propósito e aos meus primeiros mentores.

Mesmo sendo impossível ignorar as coisas ruins, escolhi me ater ao fato de que elas eram parte importante da minha motivação para fugir, para conquistar, para me tornar a pessoa que sou hoje. Se a minha infância tivesse sido só um pouquinho melhor, talvez você não estivesse segurando este livro agora. E, se tivesse sido um pouquinho pior, talvez também não, porque eu poderia ter me perdido pelo mesmo caminho do alcoolismo que dominou meu irmão e o fez perder a vida em um acidente de carro em 1971 por dirigir alcoolizado.

Devo muito à maneira como fui criado. Foi algo feito sob medida para mim, e para o qual fui feito sob medida. Eu não seria quem sou hoje sem todas essas experiências. Os estoicos têm um termo para isso: *amor fati*. Amor pelo destino. "Não tente fazer as coisas acontecerem como você quer", disse o grande filósofo estoico que foi escravizado, Epiteto. "Prefira desejar que aconteçam do jeito que acontecem. Assim você será feliz."

Nietzsche também fala disso. Ele diz: "Minha fórmula para a grandiosidade no ser humano é *amor fati*: querer que nada seja diferente, não no futuro, não no passado, nem por toda a eternidade. Não apenas aguentar o que for necessário... mas amá-lo."

Chegar a esse estado é um pouco trabalhoso. Não é intuitivo olhar para a adversidade ou as dificuldades e pensar: "Sim, é disso que eu preciso. É isso que eu *queria*. Adoro isso." Ironicamente, nosso viés de negatividade natural nos atrai para as coisas ruins que acontecem no mundo, mas nos faz fugir, negar, fingir que não vemos os problemas quando eles batem à nossa porta. E, se isso não der certo, reclamamos. Acontece nas melhores famílias. Todos somos culpados disso, o tempo todo, com questões grandes ou pequenas.

Sempre que me vejo em uma situação péssima e sinto crescer em mim a vontade de reclamar e resmungar, paro, respiro fundo e digo a mim mesmo que está na hora de trocar de marcha. Até falo comigo mesmo em voz alta e me lembro de procurar o lado positivo da situação.

Em março de 2018, acabei na situação mais horrível de todas: na unidade de tratamentos intensivos pós-operatórios depois do que deveria ter sido um procedimento de troca de válvula "minimamente invasivo" e que havia se transformado em uma cirurgia cardiovascular de peito aberto. Em algum momento durante a operação, o cirurgião acidentalmente perfurou a parede do meu coração, então foi necessário abrir rapidamente o meu peito e resolver o problema enquanto substituíam a válvula do jeito tradicional.

Se o procedimento tivesse acontecido conforme o esperado, eu receberia alta do hospital em dois dias e estaria perambulando por aí como se nada tivesse acontecido mais dois dias depois. Foi por esse motivo que eu tinha decidido passar pela cirurgia naquele momento. Nas semanas anteriores, eu tinha participado de uma reunião com um homem de 90 anos que passara pelo mesmo procedimento alguns dias antes e parecia recém-saído de um spa. Aquele era o momento perfeito, pensei. Eu sabia que precisava trocar a válvula, que dura entre dez e doze anos. Originalmente, ela havia sido implantada em 1997, quando fiz a primeira cirurgia cardíaca para consertar uma válvula aórtica bicúspide, que é um tipo de defeito congênito que pode jamais apresentar sintomas em algumas pessoas e ser fatal para outras, como foi para minha mãe no ano seguinte. Eu estava adiando a cirurgia de substituição porque andava ocupado e porque, pelas informações que tinha recebido, o procedimento continuava sendo um saco. Agora, me diziam que era quase como uma artroscopia, e era exatamente disso que eu precisava, já que em alguns meses precisaria ir a Budapeste para filmar O Exterminador do Futuro: destino sombrio. O plano era me livrar logo da cirurgia, descansar por uma semana e voltar aos treinos na academia para me preparar para o filme.

Só que aí eu acordei. O médico se agigantava sobre mim, e um tubo de respiração estava enfiado na minha garganta.

"Sinto muito, Arnold", disse ele. "Tivemos complicações. Tivemos que abrir você."

Conforme ele explicava a situação, muitos pensamentos e emoções começaram a girar na minha cabeça. Eu estava assustado, porque quase tinham me matado. Eu estava fulo da vida, porque aquilo seria um problema imenso para a produção. Eu estava frustrado, porque lembrava como havia sido difícil voltar a ficar 100% depois da minha primeira cirurgia de peito aberto, e eu era 21 anos mais novo naquela época. Também era um pouco deprimente ouvir os médicos dizendo que eu teria que passar pelo menos uma semana no hospital e não poderia fazer nenhum tipo de levantamento de peso por no mínimo um mês após a alta. E só me deixariam sair do hospital quando eu conseguisse respirar fundo sem forçar os pulmões, caminhar sem ajuda e cagar – ou, como eu chamava, "declarar vitória" – sem precisar que alguém me acompanhasse para entrar e sair do banheiro.

Deixei todas essas emoções ocuparem minha mente por um momento, mas, quando os médicos finalmente saíram do quarto, falei para mim mesmo: "Tudo bem, Arnold, não era esse o seu plano, mas você está vivo. Vamos trocar de marcha. Agora você tem um objetivo: sair daqui. E tem uma missão: fazer todos os exercícios e alcançar os resultados que garantirão sua alta. Hora de colocar a mão na massa."

Apertei o botão ao lado da cama. Uma enfermeira veio, e pedi para que ela apagasse uma parte do quadro branco na parede à minha frente e escrevesse as palavras "Respirar" e "Caminhar" no topo, sublinhando-as. Sempre que eu completava uma sessão dos exercícios de respiração ou caminhava um pouco e chegava ao destino almejado – o fim do corredor, a área da enfermagem, os elevadores –, eu pedia para ela acrescentar um ponto ao quadro. Eu encararia aquilo da mesma forma como fazia com meus antigos treinos em Graz e com meu processo de preparo para filmes e discursos. Era um sistema que funcionava. Eu sabia fazer aquilo. Além disso, eu conseguiria acompanhar meu progresso visualmente, o que me dava confiança e me motivava. Também era uma forma de eu não precisar pensar naquilo, permitindo que eu usasse toda a energia mental para ignorar a queimação nos meus pulmões enquanto eu inalava e exalava em um aparato de respiração que parecia uma mistura de proveta de laboratório e brinquedo de gato. Não precisar ficar tentando avaliar se eu estava progredindo permitiu que eu me concentrasse em impulsionar os braços, as pernas e os músculos das costas enquanto caminhava pelos corredores do hospital, primeiro com ajuda de um andador, depois com uma bengala e, por fim, apenas com o suporte da bolsa que estava conectada ao tubo de drenagem enfiado no meu peito.

"Declarei vitória" um dia antes do esperado e voltei para casa após apenas seis dias na UTI. Um mês depois da cirurgia – talvez um ou dois dias antes, para ser sincero –, eu estava na academia da minha casa, com o suporte ao meu lado e o tubo de drenagem ainda preso ao peito, passando por cima da barra do aparelho de puxada alta enquanto fazia um monte de repetições sem peso para acordar os músculos. Depois de mais um mês, eu acrescentava peso a cada levantamento – 10 quilos, depois 20, depois 30, e assim por diante. Um mês depois, eu estava em um avião rumo a Budapeste para começar as filmagens, conforme o combinado.

Não conto essa história com frequência, mas, quando falo disso, muitas pessoas me perguntam se processei os médicos por quase me matarem na mesa de cirurgia. Sempre me surpreendo com esse questionamento, porque nunca cogitei uma coisa dessas. Erros acontecem. Na verdade, eu já sabia que erros podiam acontecer nesse tipo de procedimento. No ano anterior, o ator Bill Paxton havia falecido por complicações durante um procedimento de substituição de válvula parecido, no mesmo hospital. Foi por isso que avisei aos administradores do hospital que eu não faria a operação lá a menos que uma equipe pronta para fazer uma cirurgia de peito aberto estivesse presente na sala durante o procedimento. Fora isso, e além do fato de que eu tinha me preparado para essa possibilidade, aqueles médicos eram humanos. Eles fizeram o melhor que puderam. E não esqueça que salvaram a minha vida! Que diferença faria processá-los? Isso não mudaria o que aconteceu. Quem se beneficiaria além dos advogados? Que vantagens qualquer um de nós tiraria da experiência se ela terminasse virando um processo judicial?

Em seu prefácio ao livro *Em busca de sentido*, de Viktor Frankl (famoso psicólogo austríaco e sobrevivente do Holocausto), Harold S. Kushner disse: "Você não pode controlar o que acontece na sua vida, mas sempre pode controlar como reage aos eventos." Então aqui vão algumas perguntas para você: Quantas horas você acha que desperdiça toda semana reclamando de coisas que aconteceram e estavam fora do seu controle? Quanto tempo você passa se preocupando com coisas que podem acontecer e que são impossíveis de prever ou prevenir? Quantos minutos por dia você se permite ler matérias ou postagens irritantes em redes sociais que não têm ligação nenhuma com a sua vida? Quantas vezes você se irritou no trânsito e carregou essa emoção negativa para o escritório, para a sala de aula ou pela porta da sua casa? Nós acabamos de falar como sua rotina diária é atribulada e como é preciso proteger as poucas horas preciosas que sobram toda semana para você se dedicar a alcançar sua visão. Ao ceder à negatividade, você permite que essas coisas roubem tempo de você, do seu sonho, das pessoas que você tem o dever de liderar – seja sua família, seu time de futebol amador, seu grupo de trabalho, sua unidade, qualquer coisa.

Mas você pode recuperar esse tempo! Pode reformulá-lo. Pode torná-lo produtivo. Pode transformar uma situação negativa em uma experiência positiva. Tudo começa ao perceber que você está começando a reclamar; depois você deve convencer a si mesmo a trocar de marcha e procurar o lado bom das coisas. Se você conseguir escolher a alegria em vez da inveja, a felicidade em vez do ódio, o amor em vez do ressentimento, a positividade em vez da negatividade, terá as ferramentas para captar o melhor de qualquer situação, mesmo que ela pareça um fracasso.

REFORMULE O FRACASSO

As pessoas sempre me dizem: "Arnold, não alcancei o objetivo que estabeleci para mim mesmo, o que devo fazer?" Ou: "Arnold, chamei meu crush para sair e levei um fora." Ou: "Não fui promovido nesta semana como eu queria, o que faço agora?"

Minha resposta é simples: aprenda com seus erros e diga "I'll be back".

Muitas vezes, esse é o único conselho de que as pessoas precisam. Elas só estão um pouco assustadas, ou talvez um pouco desesperadas, e precisam de incentivo para voltar ao rumo. Mas também existem aquelas que só querem reclamar que a vida é injusta porque algo com que sonhavam não aconteceu exatamente como imaginavam, e é doloroso demais pensar na possibilidade de que talvez elas não tenham se esforçado o suficiente para alcançar o resultado desejado.

Não estou julgando ninguém ao dizer isso; já estive nessa situação. Em 1968, quando perdi minha primeira competição de fisiculturismo em solo americano para Frank Zane, fiquei arrasado e inconsolável. Passei a noite inteira chorando no meu quarto de hotel. Parecia que meu mundo havia desabado. Questionei até minha ida aos Estados Unidos. Eu estava longe dos meus pais, estava longe dos meus amigos, não falava o idioma, não conhecia ninguém em Miami. Eu estava completamente sozinho. E para quê? Para ficar em segundo lugar e perder para um cara que era menor do que eu?

Culpei tudo e todos pela minha derrota. As notas tinham sido injustas. Os juízes pegaram mais leve com Frank porque ele era dos Estados Unidos. Comer besteira no aeroporto vindo de Londres poucos dias antes havia feito mal ao meu corpo e ao meu treino. A derrota era tão dolorosa que eu não conseguia me olhar no espelho e admitir que talvez eu não tivesse feito o suficiente para vencer, que a culpa era minha.

Na manhã seguinte, durante o café, Joe Weider me convidou para ir a Los Angeles. Só depois de passar algumas semanas treinando com os caras da Gold's finalmente consegui perceber as diferenças entre mim e Frank e admitir que ele tinha merecido vencer. Eu simplesmente não era tão definido. Isso valia não apenas em comparação a Frank, mas em comparação a praticamente todos os norte-americanos com quem eu treinava. Eu era maior do que todos e mais simétrico, mas algo que eles faziam, e eu não, deixava seus corpos muito sarados. Se eu quisesse ser o melhor, precisava entender o que causava essa diferença e passar a imitá-los. Então, assim que me acomodei no meu novo apartamento em Santa Mônica, convidei Frank para passar um tempo comigo e me ensinar uns truques. Preciso dizer que ele aceitou meu convite e passou um mês comigo. Nós treinávamos juntos todos os dias na Gold's, e ele me mostrou os exercícios que fazia para deixar o corpo mais trincado. Desde então Frank nunca mais me venceu.

Vamos deixar algo bem claro. E serve para todo mundo que já sofreu algum fracasso, ou seja, todos nós: o fracasso não é fatal. Eu sei, eu sei, que clichê. Mas todos os argumentos positivos sobre o fracasso já se tornaram clichê a essa altura, porque sabemos que é verdade. Todo mundo que já conquistou algo de que se orgulha, que admiramos como sociedade, dirá que aprendeu mais com os fracassos do que com as vitórias. E dirá que o fracasso não é o fim. E eles estão certos.

Na verdade, se você olhar pela perspectiva certa, o fracasso é o começo do sucesso mensurável, porque ele só é possível em situações em que você tentou fazer algo difícil e digno do seu tempo. Se você não tentar, não vai fracassar. Nesse sentido, o fracasso é um relatório de progresso no seu caminho rumo a um propósito. Ele mostra o quanto você evoluiu e lembra o que você precisa trabalhar e o quanto ainda precisa caminhar para chegar lá. É uma oportunidade de aprender com os seus erros, de evoluir a sua abordagem, de recomeçar melhor do que nunca.

Aprendi isso, assim como muitas outras coisas, na academia, treinando para competições de levantamento de peso quando eu era mais novo. A beleza do levantamento de peso é que o fracasso é acoplado ao treino. O objetivo de levantar peso é usar seus músculos até eles fracassarem, e às vezes nos esquecemos disso. Quando não conseguimos fazer aquela última repetição ou firmar os cotovelos antes de soltar o peso, é normal sentir uma pontada de frustração, mas você precisa lembrar que o fracasso nesse levantamento específico não significa que você perdeu. Na verdade, significa que o treino foi bom, que os seus músculos estão exaustos. Significa que você fez o seu trabalho.

Na academia, fracasso não é sinônimo de derrota, mas de sucesso. Esse é um dos motivos pelos quais sempre me senti confortável forçando os limites de tudo que faço. Quando o fracasso é uma parte positiva do jogo, é bem menos assustador tentar buscar os limites da sua habilidade – seja falar inglês, atuar em grandes filmes ou enfrentar problemas sociais graves – e, quando você encontrar esses limites, superá-los. Só que a única forma de fazer isso é testando constantemente a si mesmo, arriscando repetidos fracassos.

É assim que as competições de levantamento de peso são programadas. Em um evento tradicional, você faz três levantamentos. O primeiro é moleza. É um peso que você já levantou e com que se sente confortável. A ideia é ganhar mais segurança, acabar com o frio na barriga e garantir que você possa acrescentar uma boa pontuação no placar. O segundo levantamento é um pouco mais complicado: você levanta mais ou menos o peso do seu recorde pessoal, com o objetivo de pressionar os adversários. Talvez você não ganhe no final, mas pelo menos pode ir para casa sabendo que chegou até seu limite anterior. No terceiro levantamento, você tenta um peso que nunca levantou. É uma tentativa de quebrar novos parâmetros – para si mesmo, como atleta, e para o esporte em si. É nesse último levantamento que recordes são quebrados e as vitórias acontecem. Também é nele que fracassos ocorrem com frequência. Como levantador de peso, fracassei em dez levantamentos finais diferentes com 227 quilos, na época em que esse era um recorde quase inédito. Depois que finalmente consegui, levantar 227 quilos foi ficando mais fácil e me colocou no caminho para acabar levantando 238.

O terceiro levantamento é uma amostra da busca pelos seus sonhos no mundo real. Será difícil, será esquisito. As pessoas estarão prestando atenção e julgando, e o fracasso é uma possibilidade real. De muitas formas, o fracasso é inevitável. Entretanto, quando se trata de alcançar sua visão, não é com o fracasso que você precisa se preocupar, e sim com a desistência. O fracasso nunca destruiu nenhum sonho; a desistência mata todo sonho que toca. Ninguém que já quebrou um recorde mundial, começou uma empresa de sucesso, conseguiu bater a pontuação mais alta de um videogame ou fez alguma coisa difícil com que se importava desistiu com facilidade. Essas pessoas chegaram aonde estão depois de vários fracassos. Elas alcançaram o auge da sua profissão, inventaram produtos que mudaram o mundo, realizaram seus sonhos mais loucos porque perseveraram depois do fracasso e prestaram atenção de verdade nas lições que o fracasso nos ensina.

Vejamos o caso do químico que inventou o spray lubrificante WD-40. O nome completo do WD-40, traduzido do inglês, é "deslocamento de água, 40ª fórmula". Ele foi chamado assim nos registros do laboratório do químico porque as 39 versões anteriores da fórmula fracassaram. Ele aprendeu com cada um desses fracassos e acertou na 40ª tentativa.

Thomas Edison foi conhecido por aprender com seus fracassos. Tanto que se recusava a chamá-los assim. Nos anos 1890, por exemplo, Edison e sua equipe tentavam desenvolver uma bateria de níquel-ferro. Ao longo de seis meses, eles criaram mais de 9 mil protótipos fracassados. Quando um dos assistentes comentou que era uma pena ainda não terem produzido nenhum resultado promissor, Edison disse: "Ora, homem, eu consegui muitos resultados! Sei milhares de coisas que não funcionam." Era assim que Edison encarava o mundo – como cientista, inventor e homem de negócios. Foi esse tipo de mentalidade positiva, esse tipo de reformulação brilhante do fracasso, que levou Edison a inventar a lâmpada quase uma década depois, e também às outras mil patentes registradas em seu nome na época do seu falecimento.

Enquanto você estiver pensando no que deseja fazer ou na marca que deseja deixar no mundo, lembre que seu trabalho não é fugir do fracasso nem procurá-lo. Seu trabalho é se esforçar ao máximo para alcançar sua visão – apenas a sua e a de mais ninguém – e aceitar os fracassos que certamente surgirão pelo caminho. Quase da mesma forma como as últimas repetições dolorosas na academia são um sinal de que você está um pouco mais perto do seu objetivo, o fracasso é um sinal da direção que seu próximo passo deveria tomar. Ou, como diria Edison, que direção ele não deveria tomar. É por isso que o fracasso é algo que vale a pena e que deve ser abraçado: ele ensina o que não dá certo e aponta para o que poderia dar.

Pessoalmente, atribuo vários dos meus sucessos como governador, incluindo a reeleição, ao fato de que aprendi com o fracasso do plebiscito de 2005 e usei essas lições como uma orientação para o que fazer em seguida. Os eleitores me mostraram que foi um erro imenso tentar deixar que eles resolvessem minhas brigas com a Assembleia Legislativa. Eles me mostraram que falar como um tecnocrata ou um especialista legislativo, em vez de me comportar como a pessoa normal e diferente dos políticos normais que eles tinham elegido, não daria certo. O povo da Califórnia estava dizendo que essa abordagem não permitiria que eu resolvesse absolutamente nada. A votação mostrou que as pessoas queriam receber explicações em uma linguagem simples e que a solução para o meu problema era lidar com meus adversários.

Então eu dei atenção a eles. Após o plebiscito, convidei as lideranças dos dois partidos, das duas casas da câmara legislativa, para irem comigo no meu avião até Washington, DC, onde nos encontramos com toda a delegação congressista da Califórnia para conversar sobre como poderíamos servir melhor ao povo. Durante cinco horas na ida e na volta, a 40 mil pés acima do país, ficamos sentados juntos em um espaço apertado e conversamos não como oponentes políticos, mas como funcionários públicos com uma causa em comum: ajudar o povo da Califórnia a ter uma vida mais feliz, próspera e saudável. Alguns dias depois, quando voltamos para casa, várias iniciativas bipartidárias já estavam prontas para sair do papel.

Se eu tivesse ignorado as lições de 2005, se tivesse preferido ficar reclamando do resultado do plebiscito, se tivesse falado mal dos meus oponentes em vez de desafiar a convenção política e assumir a responsabilidade pelo meu fracasso, seria muito difícil conseguir resolver alguma coisa e eu não teria nenhuma chance de ser reeleito no ano seguinte. Não é exagero dizer que os sucessos que consegui alcançar foram resultado direto de tudo que aprendi com o fracasso.

QUEBRE AS REGRAS

Em 1972, o humorista George Carlin lançou um álbum de comédia chamado *Class Clown* (Palhaço da turma), com uma piada que se tornaria muito famosa. Com o título "Seven Words You Can Never Say on Television" (Sete palavras que nunca podem ser ditas na televisão), o álbum é um longo discurso sobre os sete palavrões que ninguém jamais pronunciaria nas telinhas americanas.

No lar dos Schwarzenegger, temos nossas próprias sete palavras proibidas: "É assim que as coisas sempre foram." Quando escuto isso, fico enlouquecido. Eu me incomodo quando as pessoas as utilizam para justificar dizer "não" para novidades que não entendem. Mas o que realmente me deixa fulo da vida é quando as pessoas inovadoras encontram resistência, aceitam as sete palavras e desistem. Isso me faz ter vontade de virar "John Matrix no barracão de ferramentas".

Quando você está tentando alcançar uma visão grandiosa,

precisa ter em mente que vai encontrar resistência. Pessoas sem visão se sentem ameaçadas por aquelas que a têm. Seu instinto é jogar as mãos para o alto e dizer "Não! Espere um pouco, vamos mais devagar". A questão não é que elas achem que você não vai conseguir, como os pessimistas típicos, mas que você nem deveria tentar. Elas têm medo de novas ideias. Grandes projetos são intimidantes. Elas ficam desconfortáveis perto de pessoas que querem sair do tradicional e inovar. Por algum motivo, sentem-se bem mais confortáveis com as pessoas que aceitam de olhos fechados que existe apenas uma forma de fazer as coisas.

Obviamente, não sou uma dessas pessoas. Imagino que você também não seja. Minha vida inteira girou ao redor de fazer as coisas de forma não tradicional. Como fisiculturista, eu treinava duas vezes por dia, não uma só, como todo mundo. Como ator, não peguei pontas em séries de televisão e filmes, como os produtores recomendavam; eu só queria os protagonistas. Como político, não me candidatei para ser vereador, prefeito ou senador, como os líderes do partido e os estrategistas sugeriam; fui direto atrás do cargo de governador. Desde o começo, minha visão era ser o melhor fisiculturista, depois o maior astro, depois ajudar o máximo possível de pessoas. Não *um dia*, não com o tempo, mas assim que possível. No meu plano, não havia tempo para ganhar experiência, subir uma escada invisível nem esperar permissão.

Isso não agradou os mandachuvas, os intermediadores do poder, os inspetores da tradição que tive que enfrentar em todas essas fases da vida. A única coisa que os incomodava mais do que a minha disposição em inovar era o fato de que eu não prestava atenção nas suas reclamações e não me importava se isso os irritava.

Isso foi ainda mais verdadeiro nos meus mandatos como governador. Quebrei muitas regras em Sacramento, e as pessoas que mais ficaram nervosas comigo foram as do meu partido. Quando contratei Susan Kennedy, uma democrata, como chefe de gabinete, parecia que eu tinha deixado uma raposa entrar no galinheiro. Um republicano ficou tão preocupado que foi até a minha sala, se sentou no sofá ao lado da minha cadeira, olhou ao redor como um vilão traiçoeiro de desenho animado e sussurrou ao meu ouvido que ela era lésbica, caso eu não soubesse. Como se fosse um aviso. Eu já sabia disso, é claro, mas que diferença fazia?

– Mas você sabia que ela queimou o próprio sutiã?! – disse ele, nitidamente desesperado para me convencer a mudar de ideia.

– E daí? – respondi. – Não preciso dele.

E isso nem chegou aos pés da reação dos republicanos quando metade das minhas indicações judiciais foi formada por democratas. Parecia até que eu tinha profanado o túmulo de Abraham Lincoln enquanto xingava Ronald Reagan. Nomear juízes é uma das áreas na política em que a maioria dos políticos, seja governador ou presidente, escolhe apenas membros do próprio partido, sem exceção. Expliquei ao meu pessoal que não faríamos isso. Pedi que me passassem os nomes dos melhores candidatos e removessem a afiliação política deles das informações. Por quê? Porque eu tinha prometido aos eleitores que seria um funcionário público diferente, não o mesmo tipo de político que serve ao seu partido, e isso significava escolher as melhores pessoas para o trabalho. O resultado foi metade democratas, metade republicanos. Para mim, me pareceu muito justo e representativo.

Contei essa história em 2012, durante meu discurso na inauguração do Instituto Schwarzenegger na Universidade do Sul da Califórnia – um laboratório de ideias dedicado ao bipartidarismo e a colocar as pessoas acima da política, cuja missão é basicamente ignorar as tradições e quebrar regras. Descrevi para a plateia como os velhacos do partido em Sacramento não conseguiam entender meu raciocínio e detestavam ser ignorados. Em seguida, expliquei que, se tem uma coisa que aprendi com as campanhas e o trabalho no governo, é que a velha forma de fazer as coisas não funciona. O jeito como as coisas sempre foram... não resolve mais nada. A tradição não ajuda muito as pessoas (e foi por isso que me elegeram), e, como a minha missão era servir *a todos* da melhor maneira possível, não me incomodei nem um pouco em quebrar as regras que dificultavam minha visão de progresso, de mudança e de uma Califórnia melhor.

Isso não tornou meu trabalho mais fácil, politicamente falando, mas minha mentalidade após o plebiscito era parar de me preocupar com a tradição e ignorar as pessoas obcecadas com a forma como as coisas sempre foram feitas. Em vez disso, me concentrei em estreitar meu relacionamento com as pessoas – em Sacramento, Washington e no mundo, em alguns casos – que estavam tão cansadas das velhas regras quanto eu e queriam ser proativas. Para todas as outras pessoas, deixei claro que elas precisavam entrar no nosso ritmo ou sair do caminho, porque, caso contrário, seriam ignoradas ou atropeladas.

Existe um risco de seguir essa abordagem para conquistar sua visão suprema? Talvez. Mas a vida é sua, e estamos falando dos seus sonhos, não dos sonhos dos outros. Eu acredito que fazer tudo que for necessário para realizar seus sonhos e criar a vida que você deseja para si mesmo vale o risco.

RISCO É RELATIVO

Se você tem medo de se arriscar – eu entendo, pode acreditar –, talvez seja interessante reformular a maneira como encara o risco do mesmo modo como reformulamos o fracasso. Na minha opinião, o risco não é real. Não é algo que possamos controlar ou contar. Ninguém o define da mesma maneira. Ele é um alvo em movimento. Uma invenção. Uma percepção.

Risco é apenas como chamamos a conclusão a que cada um de nós chega de forma independente quando avalia as chances de sucesso em comparação com as consequências do fracasso. Se você acreditar que algo não tem a menor chance de dar certo e que as consequências desse fracasso serão muito negativas, provavelmente concluirá que a escolha é bem arriscada. Se o oposto for verdadeiro – o sucesso é provável e o fracasso não fará tanta diferença –, a escolha não parecerá nem um pouco arriscada. Só que a vida não é tão simples assim, porque temos que considerar as vantagens do sucesso. Se não houver muita vantagem, talvez não valha a pena correr nem o menor dos riscos. Mas, quando a vantagem for imensa, como costuma acontecer com nossos sonhos, então até algo que você sabe que tecnicamente é muito arriscado pode valer a aposta. A realidade é que, quando você quer muito alguma coisa, quando algo é importante para você, em algum momento você vai ter que estar disposto a se expor e não dar a mínima para os riscos. Você precisa aceitar que, às vezes, o clichê é verdadeiro: quanto maior o risco, maior a recompensa.

Vejamos o exemplo do alpinista Alex Honnold. Em 2017, quando ele fez a primeira escalada solo da história do El Capitan, no Parque Nacional Yosemite, muitas pessoas acharam que ele estava completamente doido, que estava pedindo para morrer. Mas então, após o documentário sobre a escalada ser lançado um ano depois, vencer o Oscar e ele se tornar famoso e conseguir vários patrocínios, o burburinho sobre sua loucura desapareceu. Antes da fama e do dinheiro, ele era um sem-noção com um parafuso solto. Depois da fama e do dinheiro, passou a ser um alpinista cuidadoso, experiente. Um profissional dedicado, que viajava pelo mundo e ganhava dinheiro para passar tempo na natureza. Ele deixou de ser uma má influência e se tornou uma inspiração!

É claro que Honnold nunca teve essa perspectiva. Isso partia apenas das *outras pessoas*. Após assistir ao documentário e ler entrevistas com ele, a percepção delas da chance de sucesso da escalada mudou drasticamente, e suas opiniões em relação às consequências do fracasso (que seriam lesões ou a morte) perderam força em comparação com as vantagens do sucesso. Ele continuava sendo o mesmo cara que era antes de qualquer um de nós conhecer seu nome; a única coisa que havia mudado era o quanto sabíamos da vida dele.

A ironia é que, apesar de nossa percepção sobre o risco da escalada ter diminuído, a percepção dele provavelmente aumentou. Não porque a probabilidade de sucesso diminuiu (na verdade, com a experiência, ela deve ter aumentado), mas porque as consequências negativas do fracasso ficaram mais graves. Além de uma simples lesão ou da morte, que sempre foram possibilidades nas suas tentativas solo, agora ele tem uma esposa e uma filha que o amam, e uma fundação que conta com ele. Agora, Honnold tem mais a perder.

Esta, para mim, sempre foi a verdadeira questão quando se trata de avaliar riscos: o que você tem a perder? O motivo para minha tolerância a riscos sempre ter sido alta e, portanto, para eu ter feito muitas coisas que as pessoas achavam improváveis ou impossíveis é que, durante boa parte da minha juventude, eu não tinha muito a perder. E, conforme fui me tornando mais velho e mais bem-sucedido e comecei novas empreitadas, aprendi a minimizar as desvantagens no caso de um fracasso.

Se pensarmos na forma como fui criado, o que eu tinha a perder passando tantas horas na academia em Graz, cuidando do meu corpo e depois me mudando para Munique para trabalhar na academia de um desconhecido antes de finalmente me mudar para os Estados Unidos?

O que eu tinha a perder ao tentar ser ator? Se eu fosse péssimo e ninguém quisesse me dar outra chance, eu continuaria tendo sete títulos de Mister Olympia. Eu continuaria recebendo o apoio de Joe Weider e tendo meus livretos para vender e meu prédio para me abrigar.

O que eu tinha a perder ao entrar para a política? Se eu perdesse a eleição, se eu fosse mal no debate na televisão e passasse vergonha, eu continuaria sendo um astro do cinema com muitos hobbies. Eu continuaria sendo rico e famoso, com a capacidade de usar meu dinheiro e minha influência para contribuir com as causas que considerava importantes, como a Special Olympics e o After-School All-Stars.

Você pode argumentar que minha reputação seria arruinada se alguma dessas coisas tivesse dado muito errado. Mas isso seria partir do princípio de que eu me importava com a opinião dos outros em relação aos objetivos que eu queria alcançar na vida. Seria partir do princípio de que eu queria ou precisava da aprovação de um grupo de pessoas para ir atrás dos meus sonhos. A única aprovação que me interessava era a dos juízes nos concursos de fisiculturismo, das plateias no cinema e dos eleitores nas urnas. E, se eu não conseguisse isso, se perdesse ou fracassasse, não reclamava. Eu transformava a experiência em aprendizado. Eu voltava para a academia, para o storyboard, para os briefings, e me esforçava para me tornar melhor, mais sagaz e retornar mais forte na próxima oportunidade.

Onde está o risco nisso? A pior coisa que pode acontecer quando você tentar superar adversidades em vez de desistir ao se deparar com elas é fracassar de novo e aprender mais uma forma como aquilo não dá certo. Isso obriga você a trocar de marcha, mas o deixará um passo mais perto do seu objetivo, porque será mais provável que você esteja seguindo na direção certa agora.

Sério, o que você tem a perder?

CAPÍTULO 6

FECHE A BOCA, ABRA A MENTE

O primeiro adulto para quem contei sobre minha visão de me tornar um campeão do fisiculturismo e que me levou a sério e apoiou meu sonho foi um homem chamado Fredi Gerstl. Fredi era pai do meu amigo Karl, com quem eu treinava no começo da adolescência, no ginásio em Graz. A história de Fredi é incrível. Ele era judeu, mas fingiu ser católico durante a Segunda Guerra Mundial para escapar dos nazistas, e depois se juntou à Resistência para derrotá-los. Após a guerra, ele voltou para Graz e se interessou pelos negócios locais, pela política local e especialmente pelos jovens locais. Com a esposa, ele abriu alguns quiosques que vendiam cigarros e revistas, chamados *tabakladen*, em pontos ótimos na estação de trem e na praça principal da cidade. Era a localização perfeita para ele se manter informado sobre a vida na cidade e nos arredores, o que acabaria ajudando a impulsionar sua carreira política até ele chegar à presidência do parlamento austríaco. Conheci Fredi no começo da década de 1960, quando ele organizou um grupo para meninos treinarem e fazerem atividades físicas ao ar livre, nos ensinando a ser durões e autossuficientes, mas que também nos uniu feito gladiadores romanos acampados juntos à espera da batalha. Era muito divertido, mas havia um porém.

Como Fredi contou a uma jornalista do *Los Angeles Times* durante minha campanha para governador em 2003, "eu reunia os jovens para praticarem esportes, mas sob a condição de que eles escutassem".

Escutassem o quê? Qualquer coisa pela qual Fredi se interessasse e achasse que era importante que soubéssemos, e isso envolvia muita coisa. Ele não nos dava aulas feito um professor. Não havia provas no fim da semana. Ele apenas plantava sementes. "Talvez vocês não entendam isto agora", dizia ele sobre alguma ideia complexa demais para a maioria de nós, "mas, um dia, vocês vão entender e ficar felizes por terem esse conhecimento". Eu não conhecia o termo na época, mas Fredi era um homem renascentista. Ele adorava esportes, cachorros, ópera, filosofia e história, além de negócios, política e várias outras coisas, como eu aprenderia ao longo da nossa amizade de cinquenta anos. Mas foi o seu interesse em aprender e seu foco em permanecer aberto a novas ideias – que acredito ser a principal característica de um renascentista – que mais impactaram minha vida, e imagino que a vida de muitos outros garotos também.

Fredi se tornou uma figura paterna para nós de um jeito que nossos próprios pais não conseguiam ser, porque não eram visionários como ele. No meu caso, como eu era muito maior do que os outros garotos da minha idade, Fredi entendia que levar o fisiculturismo a sério tinha o potencial de abrir portas para mim, enquanto meu pai achava que as portas de futuros empregadores seriam batidas na minha cara, porque fisiculturismo não era algo sério. Fredi era mais jovem do que todos os nossos pais e estivera do lado certo da guerra, o que provavelmente tornava mais fácil manter a mente aberta em relação às coisas conforme ele envelhecia, porque não vivia consumido pelo arrependimento nem pela vergonha, como muitos de nossos pais. Quando você luta por algo em que acredita e vence – quando você literalmente ajuda a salvar o mundo –, acredito que seja mais fácil enxergar a alegria e o potencial em coisas novas e lindas.

Desde o começo, Fredi nos dizia que treinar a mente era tão importante quanto treinar o corpo. Ele nos ensinou que não podíamos simplesmente ter fome de sucesso, dinheiro, fama e músculos. Nós também precisávamos ter fome de conhecimento. Estar em boa forma, com um corpo forte e musculoso, ajuda você a ter uma vida longa e saudável; ajuda você a conquistar garotas; lhe permite fazer trabalhos difíceis para cuidar da família; e, no meu caso, obviamente isso seria necessário para me tornar um campeão do fisiculturismo. Mas, se quiséssemos ter sucesso em *qualquer coisa* que decidíssemos fazer, em qualquer ponto da vida, jovens ou velhos, e se quiséssemos maximizar nosso potencial e nossas oportunidades, precisávamos ter uma boa cabeça e uma mente ativa.

Fredi nos fez enxergar que o mundo era a maior escola de todas e que nós precisávamos ser esponjas, absorvendo o máximo que conseguíssemos. Ele nos fez compreender que só seríamos esponjas que absorvem apenas os conhecimentos mais úteis se fôssemos curiosos. Se escutássemos e observássemos mais do que falássemos. E, quando falássemos, era melhor fazer boas perguntas do que declarações inteligentes. Nós precisávamos entender que todas as informações que absorvêssemos, fosse lá de que fonte elas viessem, poderiam ser usadas a qualquer momento, em prol de uma variedade de oportunidades, problemas e desafios, talvez amanhã, talvez dali a vinte anos. Não havia como saber ao certo. Mas podíamos ter a certeza de que conhecimento é poder, e que informações fazem com que você seja útil.

O MUNDO PODE SER SUA ESCOLA

Como pai, empresário e funcionário público, nada me deixa mais alucinado do que o sistema nos Estados Unidos que tenta forçar todo jovem a cursar quatro anos de faculdade. É claro que faculdades são importantes. Um diploma universitário é uma vantagem. Mas ele tem propósitos específicos. Se você quiser ser médico, engenheiro, contador ou arquiteto, uma universidade é o lugar certo. Há empregos que exigem um diploma universitário e os estudos que o acompanham. Faz sentido. Não queremos hospitais cheios de médicos que nunca estudaram química nem aviões comerciais que transportam 6 milhões de pessoas todos os dias projetados por pessoas que nunca assistiram a uma aula de matemática.

Mas e se você não souber o que deseja fazer da vida? Ou se você souber que seja lá o que deseja fazer não exigirá uma educação universitária? É sensato contrair uma dívida para pagar seus estudos? Pelo quê? Por um pedaço de papel? É isso que a experiência universitária se transformou para muitos jovens. Se você perguntar por que frequentam a faculdade, eles dirão que é pelo diploma. É quase como dizer que o motivo para trabalhar é chegar ao fim de semana. E todas as outras coisas que acontecem no meio-tempo? E o propósito?!

Essa é a parte que falta na equação. Propósito. Visão. Nós não damos aos jovens tempo e espaço para descobrirem um propósito nem desenvolverem uma visão para si mesmos. Não permitimos que o mundo mostre a eles o que é possível na vida. Em vez disso, no momento em que eles têm menos a perder e mais a ganhar ao passar tempo no mundo, nós os tiramos dele e os enfiamos em faculdades com cursos que duram quatro anos e são o completo oposto do mundo real.

Eu sou prova viva de que a escola em que os jovens provavelmente mais aprenderão é o mundo. Aprendi sobre vendas como aprendiz em uma loja de ferragens, como parte de um treinamento vocacional. Aprendi a pensar em grandes questões na sala de estar de Fredi. Todas as outras lições importantes que carreguei comigo pelo resto da vida foram aprendidas na academia ou treinadas e aperfeiçoadas lá entre os 16 e os 25 anos. Determinar objetivos, planejar, trabalhar muito, continuar insistindo após um fracasso, me comunicar, ajudar os outros – para tudo isso, a academia foi meu laboratório. Foi meu ensino médio, minha faculdade, minha pós-graduação, tudo no mesmo lugar. Quando finalmente pisei em uma faculdade de verdade – e fiz muitos cursos universitários na década de 1970 –, eu tinha um propósito a serviço da minha visão. E me dei bem nesses cursos porque os encarei da mesma forma que aprendi a enfrentar meus objetivos de fisiculturismo. Como eu disse, para mim, todos os caminhos levam à academia.

E, sim, estamos falando do meu caso aqui. Sou louco quando se trata dessas coisas, já deixei isso bem óbvio. Mas, quando caminho pelo palco do Arnold Sports Festival em Columbus, Ohio, todo mês de março, vejo dezenas de milhares de pessoas com histórias parecidas. Homens e mulheres do mundo todo que encontraram o caminho para o condicionamento físico e depois encontraram o caminho para uma vida bem-sucedida *por intermédio* do condicionamento físico. Estou falando de donos de academia, bombeiros, atletas de força e empreendedores que vendem aparelhos de academia, suplementos nutricionais, bebidas suplementadas, equipamentos de fisioterapia e assim por diante. A maioria dessas pessoas não tem nível superior. E muitas das que têm contam que não usam boa parte dos ensinamentos que aprenderam na faculdade em seu trabalho.

Pais, professores, políticos, líderes comunitários – qualquer um que tenha contato com jovens precisa entender que há milhões de pessoas por aí que criaram uma visão para seu futuro e construíram vidas felizes e bem-sucedidas fora do sistema universitário. São encanadores e eletricistas, estofadores de móveis e limpadores de tapete que chamamos quando temos um problema que não sabemos consertar sozinhos. São empreiteiros, corretores, fotógrafos. São profissionais em tarefas que aprenderam na prática, em tempo real, no mundo real. Mais do que isso, elas são aquilo que sustenta a economia.

Nós deveríamos estar dizendo isso para os jovens. Deveríamos dizer que eles podem construir a vida dos sonhos com pregos e um martelo, com um pente e uma tesoura, com uma serra e uma lixa. E deveríamos fazer isso não apenas para beneficiá-los, mas também por nós. Em vários países do mundo, não temos pessoas suficientes fazendo esses tipos de trabalho. No Reino Unido e na zona do euro, a falta de trabalhadores especializados prejudicou a cadeia de suprimento em algumas regiões. Nos Estados Unidos, onde líderes políticos estão tentando trazer a fabricação de chips de computador de volta para o país, não há trabalhadores especializados suficientes para construir os prédios que deveriam abrigar os equipamentos dessas fábricas. E esse não é um problema novo. Foi por causa dele que, na minha época como governador, fiz grandes investimentos em educação vocacional e ocupacional. Não apenas para dar apoio a carreiras técnicas, mas para mostrar às pessoas que esse trabalho tem uma importância vital e que precisamos inspirar mais jovens a entrar nesses ramos.

Acho que ninguém entende muito bem por que nos encontramos nessa situação, mas acredito que seja em grande parte porque nos tornamos cegos por status, nos tornando uma cultura de mentes fechadas. É por isso que valorizamos a quantidade de diplomas que uma pessoa tem, não o número de clientes felizes que ela atendeu. É por isso que adoramos histórias sobre empreendedorismo, mas, por algum motivo, se você fizer um trabalho manual e tiver seu próprio negócio, não o chamaremos de empreendedor, mas de dono de um pequeno negócio. E a ironia é que, se compararmos o "dono de um pequeno negócio" com o tipo de empreendedor da tecnologia que endeusamos hoje (cujas invenções estão acabando com a gente, em alguns casos), a pessoa que faz trabalhos manuais provavelmente será mais feliz e terá conquistado sua casa própria antes de o empreendedor cheio de diplomas ter começado a pagar seu empréstimo estudantil. Até os exemplos mais admirados na nossa cultura de pessoas que largaram os estudos, como Bill Gates e Mark Zuckerberg, abandonaram Harvard, não o ensino médio ou uma escola de ensino técnico desconhecida.

Bom, vou contar sobre um tipo de pessoa diferente que abandonou os estudos. Seu nome é Mary Shenouda. Ela mora perto de mim, em Venice. Mary é uma chef particular de primeira linha, muito procurada pelos maiores atletas profissionais, atores, empreendedores e executivos do mercado, que precisam dar o melhor de si o tempo todo, o que significa que ela também precisa dar o melhor de si. E é um melhor que ela aprendeu sozinha. Como chef, como profissional de destaque, Mary é completamente autodidata.

Mary aprendeu sozinha tudo que sabe desde que largou o último ano do ensino médio. Em vez de cogitar fazer faculdade, começou a trabalhar com a venda de tecnologia e, assim como aconteceu comigo na loja de ferragens em Graz quando eu tinha a mesma idade, aprendeu a vender de tudo. Ela era boa naquilo. Vender era a primeira atividade diferente do tênis em que ela achava que era muito boa, então mergulhou nisso como uma possível carreira.

No entanto, alguns anos depois, seu foco passou a se voltar para a culinária. Não havia outra escolha. Fazia muito tempo que Mary sofria com uma doença, basicamente desde a adolescência, e esse foi um dos motivos para ela largar a escola. Ela só descobriu com 20 e poucos anos que era extremamente intolerante a lactose, soja e glúten. As opções de alimentos que costumavam ser encontradas em restaurantes e mercados estavam atacando seu sistema imunológico e causando uma inflamação imensa. Se ela quisesse se sentir bem e voltar a comer seus pratos favoritos, precisava encontrar uma forma de prepará-los sem que eles atacassem seu corpo.

E foi o que ela fez. No processo, acabou se apaixonando loucamente pelo assunto. Ela se tornou uma cozinheira excepcional em menos tempo do que uma pessoa normal leva para terminar a faculdade de gastronomia. E, por um acaso, naquele mesmo momento, o mundo ao seu redor também passava pela revolução da dieta paleolítica, assim como pela revolução da dieta cetogênica e a revolução do corte de glúten. Mais e mais pessoas também começavam a trocar os lacticínios no café e no sorvete por leite de amêndoa ou de coco (atualmente, é leite de aveia). Mary passou a explorar essas áreas nutricionais enquanto bolava refeições nutritivas e deliciosas para si mesma.

Não demorou muito para Mary perceber que estava cercada por uma grande oportunidade de negócios. Por ter crescido no Vale do Silício e estar morando na região da baía de San Francisco na época, ela também estava cercada por pessoas que, se estivessem na mesma situação, teriam entrado imediatamente para a faculdade de Administração. Porém, por ter abandonado o ensino médio, esse caminho não seria tão simples para ela. E, mesmo se fosse, por ela ser uma vendedora experiente àquela altura, com uma ideia que sabia ser boa e um mercado que sabia estar crescendo, o mundo lhe dizia que estava na hora de aproveitar aquela oportunidade. E ela escutou.

Mary passou a se autodenominar a "chef da paleo" e aprendeu tudo que podia sobre transformar em negócio essa paixão motivada pela própria necessidade. Ela leu livros e aprendeu a interpretar artigos médicos. Ela conversou com antigos chefes e especialistas nas áreas que precisava entender. Pediu a opinião de clientes. Observou como outras pessoas sem dinheiro, como ela, faziam para começar empresas do zero. Dedicou seu tempo e prestou atenção em todo mundo que estava disposto a ajudá-la. Isso aconteceu em 2012. Desde então, ela lançou seu serviço de chef particular e emplacou um produto alimentício voltado para melhorar o desempenho chamado Phat Fudge, que desenvolveu ao mesmo tempo, tornando sua empreitada não apenas uma empresa bem-sucedida que ajuda as pessoas (seus clientes incluem campeões da NBA e vencedores do Oscar), mas em um estilo de vida que oferece a ela flexibilidade e controle sobre o próprio destino. Ela transformou sua visão em realidade. E isso tudo partiu de uma pessoa que largou a escola, mas que tinha a mente aberta e uma ética de trabalho fenomenal.

Só para deixar claro, não recomendo que ninguém abandone o ensino médio. Nunca se sabe o que pode cortar suas asas e impossibilitar a busca pelo seu sonho, obrigando-o a seguir outro caminho mais tradicional por um tempo. Em casos assim, ter o diploma do ensino médio é quase como ter carteira de motorista. Não é algo que torne você mais competente, mas deixa claro para todo mundo que você está inserido na sociedade e sabe se comportar nela.

Dito isso, o mundo é configurado para você fazer o que Mary fez com quase tudo em que você é bom ou com qualquer problema que você tenha interesse em solucionar, e isso sem precisar pensar em faculdade, se não quiser. Não importa se você quer criar comidas sem glúten, soja e lactose, se quer se tornar um profissional do mercado fitness ou um paisagista ou se deseja transformar seu hobby em um negócio após sua aposentadoria.

Sei que pode parecer que estou implicando com o ensino superior, mas é só porque a forma mais fácil de fechar a mente de alguém é dando a essa pessoa a impressão de que sonhar é uma impossibilidade, e é exatamente isso que a faculdade faz com muita gente. Se você conseguir fugir disso, se conseguir escutar o mundo ao seu redor e prestar atenção naquilo que empolga você todo dia de manhã, verá que não é tão difícil assim encontrar uma paixão ou um propósito ao redor dos quais desenvolver uma visão.

TENHA CURIOSIDADE

Sempre fui mais parecido com meu personagem Julius, em *Irmãos gêmeos*, do que com John Matrix, de *Comando para matar*. Não sou um supersoldado que sempre sabe o que fazer e está o tempo todo um passo à frente de todo mundo; sou uma pessoa séria, talvez um pouco ingênua em relação a algumas coisas que os outros não valorizam, mas que tem muita curiosidade para aprender sobre o mundo.

Por ser imigrante, como aposto que muitos de vocês são, e alguém que fez várias transições de carreira, como muitos de vocês fizeram, a curiosidade sempre foi um superpoder para mim. Ela é magnética. Ao simplesmente abrir a cabeça para as maravilhas do mundo ao meu redor, muitas oportunidades sensacionais surgiram. Isso também atraiu inúmeras pessoas boas e inteligentes para a minha vida. Do tipo que gosta de ensinar, apoiar e incentivar os outros. Isso inclui algumas das figuras mais impressionantes que já conheci, muitas das quais tenho a honra de considerar amigas. Pessoas como Reg Park no começo, depois Muhammad Ali, Nelson Mandela, Mikhail Gorbachev e até o Dalai Lama e dois papas diferentes. Meus amigos gostam de me chamar de Forrest Gump, porque conheci todos os presidentes americanos desde Lyndon Johnson. Ao contrário de Forrest, não acabei no mesmo lugar que essas grandes figuras históricas por acidente; fui apresentado a elas por ser famoso. Mas as conheci e desenvolvi relacionamentos com elas por causa da minha curiosidade. Fiz perguntas sobre a vida e a experiência delas. Pedi conselhos. E ouvi.

Pessoas importantes, interessantes e poderosas se sentem atraídas por aquelas que fazem boas perguntas e sabem escutar. Quando você tiver curiosidade e humildade suficiente para admitir que não sabe tudo, pessoas assim vão *querer* falar com você. Vão querer ajudá-lo. Sua curiosidade e humildade mostram que seu ego não é grande demais e que você vai ouvi-las. Elas sabem que não há motivo para perder tempo com gente de mente fechada. Por que tentar ensinar a alguém que já sabe tudo?

Ter paciência e humildade para escutar é um ingrediente essencial da curiosidade e o segredo para o aprendizado. Alguns dos pensadores e filósofos mais sábios da história falam isso há milhares de anos, fazendo observações como "Temos duas orelhas e uma boca para escutarmos o dobro do que falamos". Esse conceito vive reaparecendo ao longo da história. Na Bíblia: "Sejam todos prontos para ouvir e tardios para falar." Nas palavras do Dalai Lama: "Quando você fala, apenas repete o que já sabe. Mas, se escuta, pode aprender algo novo." Ernest Hemingway disse: "Quando as pessoas falarem, escute com toda atenção. A maioria nunca escuta." A juíza Ruth Bader Ginsburg afirmou: "Acredito muito em escutar e aprender com os outros."

Esses são apenas alguns jeitos diferentes de dizer que você não sabe tanto quanto imagina, então feche a boca e abra a mente. Aprendi essa lição de um jeito impactante com *O Exterminador do Futuro*, e ela poderia ter sido ignorada se eu tivesse deixado meus agentes e meu ego brigarem com um cara que se tornaria um dos maiores diretores de todos os tempos.

Conheci James Cameron na primavera de 1983, em um restaurante em Hollywood na hora do almoço, quando marcamos de conversar sobre o roteiro de *O Exterminador do Futuro*, que me havia sido passado por um cara chamado Mike Medavoy, presidente do estúdio que acabou produzindo o filme. Eu estava me preparando para filmar a sequência de *Conan, o Bárbaro*, e eu, Mike e meus agentes achávamos que aquele poderia ser meu próximo filme, no papel de Kyle Reese, o mocinho da história.

Em teoria, fazia sentido: Kyle Reese era um soldado do futuro, enviado para salvar Sarah Connor e, por consequência, toda a raça humana de uma máquina assassina tecnologicamente avançada. Não dá para ser mais heroico do que isso. No entanto, durante o almoço, passamos quase o tempo todo falando sobre o exterminador em si. Sem dúvida, aquele era o personagem que eu achava mais fascinante e que mais me interessava. Depois de ler o roteiro, eu tinha muitas perguntas e algumas ideias relacionadas a como alguém deveria interpretar um robô projetado para parecer humano. Disse tudo a Jim durante o almoço. Pela reação dele, dava para perceber que a curiosidade que as minhas perguntas exalavam e a profundidade das minhas ideias o surpreendiam. Acho que ele devia estar esperando que eu fosse um cabeça-oca. Jim concordou que o exterminador era o personagem que mais precisava ser interpretado da forma correta. Concordamos até em relação a algumas coisas específicas que o ator que interpretasse o exterminador precisaria fazer para incorporar o fato de que ele era uma máquina.

Em algum momento durante o almoço, Jim se convenceu de que eu deveria ser o exterminador. Ou pelo menos se convenceu de que eu *poderia* ser o exterminador. Na minha cabeça, eu concordava, mas aquele não era o papel que eu queria, e expliquei isso. Eu era Conan. Conan era um herói. Eu deveria interpretar heróis. Meu objetivo era me tornar o próximo grande astro de filmes de ação. Isso não acontece quando você interpreta vilões.

Jim escutou com atenção enquanto eu explicava meus planos, que ele entendia. Eu estava apenas descrevendo as ideias convencionais de Hollywood.

Então foi a minha vez de escutar. O argumento de Jim era que aquele não seria um filme de ação convencional de Hollywood. Havia uma viagem no tempo. Havia tecnologia futurística. Era uma ficção científica. As regras são diferentes nesse gênero. Além do mais, o exterminador não era o vilão. O vilão era a pessoa que o enviara do futuro. O exterminador apenas... existia. Nós poderíamos transformar o personagem no que quiséssemos, com base em como eu decidisse interpretá-lo e em como ele decidisse filmá-lo, argumentou Jim. Isto é, se eu aceitasse o papel.

Naquela noite, quanto mais eu pensava no projeto, mais difícil era parar de me imaginar interpretando o exterminador. Eu só conseguia pensar na minha conversa com Jim. Suas palavras ecoavam em meus ouvidos. Jim só tinha feito um filme antes daquele, mas o roteiro era muito original, e ele realmente parecia saber o que desejava fazer, então era impossível não me deixar convencer por tudo que ele tinha dito ao defender que eu aceitasse aquele papel em vez do de Kyle Reese. Além do mais, eu também só havia estrelado um filme àquela altura. Quem era eu para ficar batendo o pé?

No dia seguinte, liguei para Jim e aceitei a oferta.

Meus agentes foram contra minha decisão. Eles se mantiveram apegados à ideia convencional de que heróis não interpretam vilões. Ouvi suas opiniões, mas não as segui. Em vez disso, prestei atenção nos meus instintos e na minha curiosidade. Mais importante: mantive a mente aberta e escutei Jim. Escutei de verdade. E isso me levou à decisão mais crucial da minha carreira. Não porque *O Exterminador do Futuro* foi um sucesso, apesar de isso ter ajudado minha conta bancária. Escutar Jim falando do exterminador em reuniões, escutar como ele me dirigia nos ensaios e no set, depois ver como ele editava minhas cenas, tudo isso confirmou para mim que eu poderia ser mais do que um astro de filmes de ação. Eu poderia ser um astro de *cinema*. Um protagonista.

A primeira grande visão que tive para a minha vida veio de assistir a Reg Park na telona em Graz, em 1961. Ela evoluiu muito enquanto eu escutava Jim Cameron naquele almoço em Venice, em 1983, e orientou minhas decisões pelas duas décadas seguintes. Hemingway tinha razão. Quando as pessoas falam, você deve prestar atenção.

SEJA UMA ESPONJA

Ser curioso e um bom ouvinte são partes importantes de como usar com eficácia seus relacionamentos com outras pessoas na busca pelos seus objetivos. Não quero dizer de um jeito manipulador, apenas prático. No fim das contas, pessoas são recursos. Mas só quando você aprender a absorver tudo que essas pessoas dizem – não deixar as coisas entrarem por um ouvido e saírem pelo outro – é que realmente começará a se tornar útil para os outros e também se tornará um recurso.

Quando me candidatei a governador, as pessoas que me conheciam disseram que eu ia adorar fazer campanha, mas ia detestar ficar sentado no gabinete do governador, revisando políticas públicas, porque sempre quero ação, ação, ação. As pessoas que não me conheciam achavam a mesma coisa, mas por um motivo um pouco diferente. Elas achavam que eu sempre queria atenção, atenção, atenção. As duas perspectivas eram justificadas, até certo ponto, mas também estavam erradas. Elas não levaram em consideração o fato de que o governo era a maior escola do mundo e não entenderam que passei a vida inteira sendo uma esponja de conhecimentos e novas informações, desde a infância, aprendendo com Fredi, e meu começo na academia, aprendendo com outros fisiculturistas.

Na academia, se eu visse um cara tentando uma nova técnica de treinamento que não fazia sentido para mim, não o chamava de testa (meu amigo Bill Drake chamava todo mundo de "testa", insinuando que a pessoa tinha a testa baixa de um neandertal), mas perguntava o que ele estava fazendo, porque aquilo poderia me ajudar. Quando vi o grande Vince Gironda fazendo a extensão lateral de tríceps deitado em sua academia em North Hollywood naquela época, por exemplo, admito que o achei um pouco parecido com o Mickey Mouse, com o pesinho que ele estava usando. Mas, em vez de desmerecer o exercício porque parecia leve ou desprezá-lo por completo porque Vince não tinha um histórico de levantar pesos pesados, experimentei seu método. Fiz quarenta séries no meu treino seguinte de braços, como tinha aprendido que era a melhor forma de ver como um novo movimento afetava meu corpo, e o exterior dos meus tríceps passou o dia seguinte inteiro tremendo. O exercício foi tão eficiente que precisei perguntar a Vince sobre ele.

Como foi que você bolou esse exercício? Por que ele funciona melhor do que movimentos parecidos? Como eu posso incorporá-lo ao meu treino?

Minhas perguntas tinham vários objetivos. As respostas, se fizessem sentido para mim, sanariam todas as minhas dúvidas ou preocupações. Ao demonstrar curiosidade, como acabamos de falar, demonstrei humildade e me tornei um aliado de Vince, aumentando a probabilidade de ele compartilhar outras técnicas de treino valiosas comigo. Porém, acima de tudo, fazer boas perguntas sobre "como" e "por que" em relação a algo interessante aumenta as chances de a informação ser absorvida pelo seu cérebro e se conectar com outros conhecimentos relacionados, tornando-a ainda mais útil para você quando chegar o momento de colocar todo o trabalho a serviço dos outros.

É por isso que ser governador foi meu trabalho predileto entre todos. Foi uma oportunidade de absorver um monte de informações sobre o funcionamento da sociedade, ao mesmo tempo que eu estava em uma posição de poder usar essas informações para ajudar milhões de pessoas. Em um instante, eu descobria que precisávamos de mais guardas de prisão, porque eles faziam tantas horas extras que as condições de trabalho se tornavam menos seguras e eles estavam ficando cronicamente cansados, deixando-os propensos a cometer erros e se confundir com protocolos de segurança. No instante seguinte, eu aprendia sobre o preço de remédios que precisavam de prescrição médica e sobre planos de saúde, ou estava reunido com as mentes científicas mais inteligentes do mundo, aprendendo que milhões de pessoas morrem todo ano por causa da poluição. Um dia depois, eu podia estar me reunindo com uma equipe de engenheiros civis que me explicavam que os 20 mil quilômetros de barragens do estado estavam caindo aos pedaços – uma extensão maior do que a Holanda ou a Louisiana. Então, depois de terminar a reunião com os engenheiros, talvez estivesse na hora de me encontrar com um grupo de enfermeiras que desejava me explicar por que os hospitais da Califórnia precisavam de uma proporção melhor de enfermeiros para pacientes do que um para seis. Com um enfermeiro para cada seis pacientes, é quase impossível fazerem todo o trabalho em um turno. Por exemplo, um enfermeiro comum não consegue levantar sozinho um homem adulto; então, quando esse paciente precisa se levantar do leito para ir ao banheiro – uma situação que testemunhei pessoalmente após minha cirurgia cardiovascular em 2018 –, podem ser necessárias duas enfermeiras adicionais, que são afastadas do trabalho que precisam fazer para outros pacientes. Aprendi tudo isso em uma única conversa com um grupo de enfermeiros!

Eu adorava. Aprendia o tempo todo. Quanto mais aprendia e quanto mais perguntas fazia para as pessoas que me ensinavam, mais compreendia como as coisas estão conectadas e me tornava um líder melhor. Todo dia em Sacramento parecia que eu recebia um novo quebra-cabeça para montar uma imagem de como sistemas diferentes funcionavam, como um diagrama mental. E, sempre que a imagem de um desses sistemas não fazia sentido para mim ou quando o diagrama parecia quebrado, eu sabia que era o momento de fazermos alguma coisa.

Eu tive sorte. Como governador, mesmo se eu não fosse naturalmente curioso, tinha o poder de fazer as pessoas me explicarem o funcionamento do estado até fazer sentido para mim, não importava o quanto isso demorasse. A maioria das pessoas não tem essa sorte. Elas não têm nem o poder de fazer os outros lhe explicarem o mundo ou não têm mentores como Fredi Gerstl para lhes mostrar como abrir a mente e absorver tudo como uma esponja. Elas precisam descobrir tudo por conta própria, o que pode ser muito intimidante e desanimador se elas não tiverem apoio.

Acredito que seja por isso que tanta gente se sinta presa na própria vida. Essas pessoas vivem em um mundo que não compreendem. O mundo é o que é, e elas precisam ser quem são, e isso simplesmente é algo que precisam aceitar e enfrentar. É seu destino. Talvez elas tenham nascido em um mundo em que os outros eram ricos e elas eram pobres, ou então os outros eram altos, inteligentes ou fisicamente talentosos e elas eram o oposto de tudo isso – e ninguém lhes explicou que, apesar de certas circunstâncias serem impossíveis de mudar, outras podem ser transformadas quando somos curiosos e agimos como uma esponja, e, depois, quando usamos o conhecimento adquirido para bolar uma visão para nós mesmos.

Em *O Exterminador do Futuro*, há uma frase famosa: "Não existe destino além daquele que nós criamos." Ninguém mostrou a essas pessoas desprivilegiadas que elas podem criar o próprio destino. Que podem mudar tanto suas circunstâncias que as coisas imutáveis se tornarão irrelevantes. Qualquer um pode fazer isso, na verdade. Qualquer um pode criar o próprio destino. Você é capaz disso, começando neste momento. Talvez você já tenha feito isso ao pegar este livro. Se for o caso, fantástico. Agora, quero que você entre em contato com alguém na sua vida que não começou a tentar mudar as próprias circunstâncias porque acha que isso é impossível. É importante conversarmos com essas pessoas, porque a curiosidade é a primeira coisa que morre dentro de alguém que foi criado para acreditar que o mundo é como é e que a gente não pode fazer nada em relação a isso. Após a curiosidade morrer, a esponja que é a mente dessas pessoas se transforma em um tijolo quebradiço que sofre para absorver coisas novas e se torna extremamente frágil ao encarar decisões difíceis.

Faça por elas o que Fredi Gerstl fez por mim, e o que eu, com este livro, estou tentando fazer por você. O mundo precisa de mais esponjas. De mais pessoas inteligentes, esperançosas, motivadas e úteis com visão. De pessoas que consigam sonhar o mundo de amanhã, o que só é possível quando somos capazes de absorver o conhecimento do mundo de hoje.

USE BEM SEU CONHECIMENTO

Aquilo que não é usado é perdido. Essas palavras se aplicam a tantas áreas da vida que deveriam ser consideradas uma lei do universo.

Na academia, se você não usar um músculo, ele murcha e morre. Isso se chama atrofia.

Em Hollywood, se você não usa sua fama para participar de grandes projetos ou causar um grande impacto, sua estrela vai desaparecer, e sua chance de fazer qualquer uma das duas coisas desaparecerá junto.

No governo, se você tiver dinheiro alocado para algo no orçamento anual e não o utilizar naquele ano, ele desaparecerá no ano seguinte, e você nunca mais o verá.

A regra "aquilo que não é utilizado é perdido" se aplica a frutas maduras, boa vontade política, atenção da mídia, cupons de desconto, oportunidades econômicas, espaço para fazer ultrapassagens na estrada, um monte de coisas. Porém, mais importante, ela vale para o conhecimento que você absorve ao longo da vida. Se você não exercitar a sua mente com regularidade, como se fosse um músculo, e usar seu conhecimento, ela acabará perdendo poder.

Uma das primeiras vezes que vivenciei o impacto que você pode causar ao usar seu conhecimento foi ao longo dos meus três anos como presidente do Conselho de Condicionamento Físico e Esportes da Presidência, de 1990 a 1993. Como parte dos meus deveres trabalhando sob o comando do presidente Bush, visitei escolas em todos os cinquenta estados. Participei de reuniões com líderes locais para conversarmos sobre políticas públicas. Fiz discursos em escolas para motivar crianças e convencer os pais a desligarem a televisão e passarem algum tempo ao ar livre. Liderei mesas-redondas e painéis com educadores, médicos especialistas, profissionais do mundo fitness, líderes do sistema de saúde, especialistas em nutrição e qualquer um que eu achasse que poderia nos ajudar na luta contra a obesidade infantil e a apoiar programas de educação física, que estavam sendo cortados em estados com problemas orçamentários. Fiz muitos discursos nessas viagens, mas passei boa parte do meu tempo sendo uma esponja, observando, escutando e fazendo perguntas, tentando aprender com as pessoas da área o que acontecia em seus estados. Que dificuldades elas enfrentavam? De que formas elas tinham tentado salvar os programas de educação física? O que tinha dado certo? O que havia fracassado? De que precisavam? E por quê?

Eu saía de cada evento com o cérebro fervilhando de informações e, pelo menos por um tempo, só conseguia aplicá-las aos relatórios e recomendações que o conselho elaborava todos os anos. Então, em 1992, conheci um homem incrível chamado Danny Hernandez, que administrava um programa chamado Inner-City Games (ICG, que significa "jogos em áreas carentes") no Centro de Jovens Hollenbeck, em East Los Angeles, a menos de 25 quilômetros da minha casa.

Danny tinha nascido e crescido em uma parte violenta de East Los Angeles chamada Boyle Heights. Foi lá que ele se formou no ensino médio e para onde voltou para cursar a faculdade após ser condecorado por seu serviço militar no Vietnã. E nunca mais foi embora. Ele é como os olhos, os ouvidos e o coração de Boyle Heights. Com os anos, notou que o verão, durante as férias escolares, era o momento em que os jovens do bairro se tornavam mais vulneráveis a drogas e à violência das gangues, já que não tinham para onde ir nem nada construtivo para fazer todos os dias. Então, em 1991, ele começou os ICG – uma competição atlética e acadêmica no estilo olímpico – para as crianças de East Los Angeles, como forma de tirá-las das ruas.

Eu e Danny fomos apresentados logo depois dos tumultos de Los Angeles. A absolvição de quatro policiais na primavera daquele ano pela agressão cometida contra Rodney King na beira de uma estrada um ano antes havia explodido as tensões raciais na cidade. Protestos contra o veredito levaram a uma semana de saques, incêndios, violência e destruição de propriedades por toda a cidade, mas principalmente nos bairros mais pobres, como o que Danny ajudava. Lojas, prédios, galerias e, em alguns casos, quarteirões inteiros foram tomados pelas chamas. Danny sentia que aquele verão, que começaria dali a menos de um mês, seria crucial para os jovens, não apenas em Boyle Heights, mas em Los Angeles como um todo. As coisas poderiam dar errado bem rápido para todo mundo se os líderes das comunidades não prestassem atenção, se não ficassem de olho na situação conforme meio milhão de crianças e jovens entre 5 e 18 anos trocavam as salas de aula pelas ruas. A ideia de Danny era expandir os ICG para além de East Los Angeles, incluindo crianças da cidade inteira, e ele estava buscando a ajuda de líderes políticos e pessoas famosas para chamar atenção e arrecadar dinheiro para o programa.

Foi então que eu entrei em cena. Danny me levou para conhecer o Centro de Jovens Hollenbeck. O lugar tinha uma academia, um ringue de boxe e muitos equipamentos esportivos. Havia um vestiário com chuveiros. Havia lugares tranquilos para fazer o dever de casa e mentores adultos ao redor para oferecer apoio. Havia até uma sala de informática com várias máquinas, algo inacreditável em 1992. Tirando os computadores, o espaço me lembrava o ginásio em Graz – era um santuário cheio de possibilidades.

Observei aquilo tudo enquanto Danny me contava sobre seu trabalho na última década e fiz muitas perguntas sobre seus planos para os Inner-City Games. Eu acreditava que, quanto mais soubesse, mais conseguiria ajudar, e eu queria muito compreender aquele lugar e a missão de Danny.

Mais do que tudo, eu queria compreender por que não havia outros programas parecidos com aquele. Àquela altura, eu já tinha visitado escolas em quase todos os estados e ainda não vira nem ouvira falar de nenhum programa minimamente parecido com os ICG. Danny me contou que sempre tinha muita dificuldade para conseguir ajuda financeira estadual e federal, então devia ser por isso. E também era por isso que ele estava conversando comigo sobre seu programa, não com o prefeito nem com o governador.

Danny era muito impressionante. Suas ambições para o centro e para os jogos me lembravam bastante minhas ambições iniciais no fisiculturismo e em Hollywood. Nós dois tínhamos sonhos que muitas pessoas achavam ser loucura, mas, se elas enxergassem o mesmo que nós e soubessem o quanto estávamos dispostos a trabalhar para transformar aqueles sonhos em realidade, saberiam que não éramos tão loucos assim.

Eu tinha escutado o suficiente. Concordei em colaborar. Virei Representante Executivo dos Jogos para ajudar Danny a expandir os ICG para Los Angeles como um todo. Não demorou muito para formarmos a Fundação dos Inner-City Games como uma organização sem fins lucrativos, e passei o restante do verão explicando o projeto para amigos e figurões de Hollywood, pedindo que fizessem doações, enquanto Danny buscava patrocínios corporativos. Não conseguimos realizar os jogos a tempo das férias de verão – a cidade ainda estava se recuperando dos tumultos –, mas, no outono, os ICG receberam 100 mil jovens locais em vários espaços de Los Angeles para competir em mais de uma dezena de eventos atléticos diferentes, assim como em concursos de escrita, dança e arte que poderiam render bolsas de estudos. Além disso, havia uma feira vocacional, consultas médicas e avaliações físicas gratuitas para os jovens e suas famílias.

Foi um grande sucesso. O evento recebeu muita atenção, e é exatamente disso que você precisa quando tenta vender uma visão daquele porte para uma cidade do tamanho de Los Angeles. Os jogos de 1992 também receberam exposição nacional na mídia, o que foi ainda melhor, permitindo que eu e Danny vendêssemos os ICG da mesma forma que eu já tinha feito com o fisiculturismo e com meus filmes. Nós conseguimos transmitir a mensagem sobre os ICG do nosso jeito, atraindo organizadores comunitários de outras cidades, como Atlanta e Chicago, que ficaram sabendo da empreitada de Danny no ano anterior e queriam ver o evento com os próprios olhos para avaliar se ele daria certo em suas cidades.

Eu não tinha preparo para saber se os ICG funcionariam em

outros lugares. Mas eu sabia, após meus anos como o czar do mundo fitness, que todas aquelas cidades, e dezenas de outras, *precisavam* de um programa como aquele, porque elas tinham o mesmo problema que Los Angeles enfrentava: todo verão, centenas de milhares de crianças não tinham para onde ir nem ninguém para tomar conta delas.

Só que eu também sabia de outra coisa. Aquele não era um problema só do verão. Era um problema diário depois das aulas. Eu tinha começado a ver e escutar isso no meu tour pelas escolas americanas. No fim do dia de aula, algumas crianças iam embora com os pais e outras iam em ônibus escolares, mas muitas não faziam nenhuma das duas coisas. Elas ficavam por ali, se divertindo, ou iam embora em pequenos grupos, seguindo sabe-se lá para onde. Eu vi esse padrão se repetir várias vezes, especialmente em escolas de ensino fundamental, que não têm tantas atividades esportivas extracurriculares quanto as de ensino médio. Fiquei curioso para saber se havia uma explicação para isso, então perguntei aos professores e diretores. Eles disseram que até 70% dos alunos tinham pais ausentes ou que trabalhavam, mas que não tinham dinheiro para pagar alguém para cuidar dos seus filhos, então as crianças ficavam sozinhas em casa após a escola, o que significava que não tinham supervisão nenhuma até os pais voltarem do trabalho. Também descobri, com delegados dessas cidades, que o período entre o fim do horário das aulas e o fim do expediente de trabalho – aproximadamente entre 15h e 18h – era chamado de "zona do perigo", quando os jovens estavam mais expostos a drogas e álcool, gangues e crimes, e à gravidez na adolescência.

Com o sucesso dos Inner-City Games no outono de 1992, e novamente no verão de 1993, vi uma oportunidade de ajudar Danny Hernandez a expandir os ICG para além de Los Angeles e transformá-los em uma iniciativa nacional. Minha esperança era que, com o tempo, com apoio e recursos suficientes, conseguíssemos ampliar a missão do projeto para ir além dos jogos no verão e incluir um programa extracurricular que durasse o ano todo. Mas eu tinha mais do que esperança. Eu tinha uma visão e acreditava ter o conhecimento e a capacidade para torná-la realidade. Essa seria uma missão em que eu finalmente poderia tirar vantagem de toda a fama que havia ganhado ao longo de duas décadas. Eu poderia aproveitar todos os relacionamentos que desenvolvera nesse tempo. Poderia ligar para todos os políticos, oficiais governamentais e especialistas que tinha conhecido no meu tour dos cinquenta estados como czar do mundo fitness. Poderia usar todas as informações que havia aprendido em painéis, mesas-redondas, palestras e assembleias de que eu tinha participado, de Anchorage até Atlanta. Como a esponja que Fredi Gerstl me ensinara a ser, eu tinha absorvido muitas informações valiosas, e aquele era o momento de usar tudo para ajudar crianças em situação de risco por todo o país.

Sou um cara que não gosta de perder tempo. Então, junto com uma mulher poderosa chamada Bonnie Reiss, nós montamos um esquema de lobby e angariação de fundos o mais rápido possível e colocamos o pé na estrada. Viajamos por várias cidades que acreditávamos que se beneficiariam de um projeto como o Inner-City Games e com a versão mais robusta que pretendíamos desenvolver. Eu mesmo banquei as viagens, e pegamos meu próprio avião para apresentar nossas ideias para todos os oficiais municipais e estaduais que estivessem dispostos a nos receber. Ouvimos enquanto eles descreviam os problemas que enfrentavam, muitos dos quais envolvendo a falta de verba para a criação de programas parecidos com o nosso em sua cidade ou até mesmo em uma única escola. Assim como aconteceu durante minha época no Conselho da Presidência, absorvi todas as informações e as apliquei à minha compreensão dos problemas maiores que tentávamos resolver. Depois, em conjunto com Bonnie e Danny, com filantropos da nossa rede e com agências federais e estaduais, usamos todo o nosso conhecimento para oferecer soluções para esses municípios por meio da Fundação ICG.

O resultado final foi o crescimento firme dos ICG em nove filiais em todo o país ao longo dos anos seguintes. Ao mesmo tempo, começamos a desenvolver um programa associado a escolas que permanece ativo durante todo o ano, o After-School All-Stars, que atualmente ajuda quase 100 mil crianças diariamente, em mais de 450 escolas de quarenta cidades americanas. Tenho um orgulho imenso de continuar envolvido com o programa, porque ele é um exemplo impecável do que é possível quando você fecha a boca e abre a mente. Quando você escuta, aprende e aborda um problema com preocupação verdadeira. Quando você não se segura e se entrega por completo a uma tentativa de transformar seu canto do mundo em um lugar melhor.

Ter curiosidade. Ter fome de informação. Manter a mente aberta. Usar bem seu conhecimento.

No fim das contas, essa é a fórmula para qualquer pessoa gerar mudanças reais e importantes no mundo, sejam elas pessoais, profissionais ou políticas. Também é assim que você consegue mudar as suas circunstâncias e abrir espaço para uma visão crescer e evoluir. Isso é essencial, porque eu sei que você também deseja crescer e evoluir.

CAPÍTULO 7

QUEBRE SEUS ESPELHOS

Tenho uma regra. Você pode me chamar de Schnitzel, pode me chamar de exterminador, pode me chamar de Arnie, pode me chamar de Schwarzie, mas não aceito ser chamado de um *self-made man*.

Quando eu era mais novo e as minhas habilidades de compreensão do inglês não eram tão boas como agora, sempre ficava confuso quando as pessoas diziam isso de mim. *Cresceu sozinho?* Eu sabia que era um elogio, mas ficava pensando: do que essas pessoas estão falando? E os meus pais? Eles me criaram. E Joe Weider? Ele me trouxe para os Estados Unidos e realizou meus primeiros sonhos. E Steve Reeves e Reg Park? Eles possibilitaram que eu sonhasse com a transição entre o fisiculturismo e o cinema de um jeito realista. E John Milius? Ele me transformou em Conan, o Bárbaro.

Talvez eu estivesse sendo literal demais sobre o significado de *self-made man*, mas nunca acreditei que isso fosse verdade. Eu acreditava que era um exemplo do sonho americano se realizando. Eu acreditava (e ainda acredito) que qualquer um é capaz de fazer o que fiz. Mas me parecia que aquilo me tornava o oposto de um *self-made man*. Vamos parar para pensar por um instante. Se eu sou um exemplo do que é possível nos Estados Unidos, como poderia ter crescido apenas por esforço próprio, se precisei dos Estados Unidos para que meus sucessos se tornassem realidade? Criei uma dívida com a existência de um país inteiro antes mesmo de levantar meu primeiro peso!

Conforme fui envelhecendo e compreendendo melhor a nuance e a história por trás da ideia de *self-made man*, entendi que as pessoas queriam me elogiar por ser esforçado, disciplinado, motivado, dedicado – todas as coisas que você precisa ser para alcançar seus objetivos. E elas tinham razão, é claro. Eu era isso tudo. Ninguém levantava os pesos, enunciava as falas ou assinava as leis por mim. Só que isso não significava que eu tinha crescido por esforço próprio. A pessoa que eu sou, onde estou, por que estou aqui, as oportunidades que tenho – tudo isso se deve ao impacto de centenas de pessoas especiais na minha vida.

Não estou sozinho nessa. Todos nós estamos aqui graças às contribuições de outras pessoas. Mesmo que você jamais tenha tido uma influência positiva na vida; mesmo que todo mundo que tenha passado pelo seu caminho tenha sido um obstáculo, um inimigo ou feito de tudo para te magoar – essas pessoas lhe ensinaram alguma coisa mesmo assim. Que você é um sobrevivente. Que você é melhor do que isso, melhor do que elas. Elas lhe mostraram o que não fazer e quem não ser. Você está aqui hoje, agora, lendo este livro e tentando ser uma pessoa melhor, por causa das pessoas na sua vida, sejam elas positivas ou negativas.

Se pararmos para pensar, ninguém nunca fez nada sozinho. Nós sempre recebemos ajuda e orientação. Outros abriram o caminho ou nos mostraram por onde seguir de um jeito ou de outro, independentemente de estarmos cientes disso antes ou não. E agora que *você* sabe disso, é importante reconhecer que é preciso retribuir. Ajudar os outros. Liberar a escada para o próximo grupo subir. Colaborar com o próximo. Ser útil.

E vou contar uma coisa: quando você aceitar de verdade essa

responsabilidade, ela vai mudar a sua vida e melhorar a de inúmeras pessoas. Você se perguntará por que não tinha se dado conta disso antes. A responsabilidade logo se transformará em um dever, e com o tempo acabará se tornando um privilégio do qual você jamais desejará abrir mão e que sempre valorizará.

TODO MUNDO SE BENEFICIA AO RETRIBUIR

Um livro como este é uma conversa entre duas pessoas: o escritor e o leitor. Nós dois. Não sou eu falando com o mundo inteiro, sou eu falando com você. É uma relação profunda e sagrada, na minha opinião. Só que algo esquisito pode acontecer com livros assim, quando o objetivo do autor é motivar você, o leitor, a criar uma visão para a própria vida, a pensar grande e a fazer o necessário para concretizar essa visão. Esses livros podem se tornar uma autorização para o egoísmo. Eles podem ser usados para justificar uma postura de "eu contra o mundo" que transforma o autoaperfeiçoamento em um jogo de soma zero. Para você se tornar mais rico, alguém precisa se tornar mais pobre. Para você se tornar mais forte, alguém precisa se tornar mais fraco. Para você vencer, alguém precisa perder.

Quero deixar claro que, fora de uma competição atlética direta, quase tudo isso é mentira. A vida não é um jogo de soma zero. Todos nós podemos crescer juntos, enriquecer juntos, nos fortalecermos juntos. Todo mundo pode vencer, no seu próprio tempo, do seu próprio jeito.

Isso acontece quando nos concentramos em todas as formas que temos de ajudar as pessoas na nossa vida, sejam parentes, amigos, vizinhos, colaboradores ou apenas companheiros humanos que respiram o mesmo ar que nós. Como podemos ajudá-los a alcançar suas próprias visões? Como podemos apoiar seus objetivos? O que podemos fazer para ajudá-los a melhorar nas coisas que amam fazer? O que podemos doar para as pessoas que passam por momentos difíceis? Ao responder a todas essas perguntas, você descobrirá que receberá de volta exatamente aquilo que oferecer.

Senti isso pela primeira vez, e de modo mais impactante, na academia, com meus parceiros de treino. Nós sempre nos incentivávamos. Nós trocávamos técnicas de treino e dicas nutricionais. Nós nos apoiávamos animando uns aos outros, mas também literalmente, ajudando com os pesos quando levantávamos a carga máxima ou não conseguíamos terminar o movimento. Todos sabíamos que competiríamos uns contra os outros em algum momento, então não era como se estivéssemos alheios ao fato de que estávamos ajudando nossos adversários a melhorarem, mas também sabíamos que, se nossos parceiros de treino ficassem mais fortes, eles se tonariam um incentivo para treinarmos mais, o que significava que todos nós nos fortalecíamos.

Ajudar uns aos outros dessa forma não nos beneficiava apenas individualmente, mas também ajudava o esporte do fisiculturismo. Eu era o garoto-propaganda do fisiculturismo internacional na década de 1970, mas não teria passado de uma anomalia, e o fisiculturismo pareceria apenas uma exibição de circo, se eu subisse ao palco com um bando de adversários muito menos musculosos e definidos do que eu. E quem sabe se eu conquistaria tudo que conquistei. Não sei se eu teria chegado ao corpo que tinha ao levar cada um dos meus títulos de Mister Olympia se não tivesse tido Franco Columbu me incentivando como parceiro de treino ou se Frank Zane não tivesse morado comigo por alguns meses e me mostrado seus truques para aumentar a definição. O fisiculturismo alcançou a popularidade porque um grupo inteiro de nós treinava junto nas mesmas academias e ajudava uns aos outros a se aprimorar, melhorando as competições e atraindo mais atenção para o esporte.

Tive o mesmo ciclo de feedback positivo no cinema. Hollywood está cheia de atores muito inseguros que, quando não recebem orientações corretas ou apoio das pessoas mais próximas, transformam um filme em um jogo de soma zero. Eles tentam dominar todas as cenas em que aparecem, ganhar mais tempo de tela que os colegas de elenco, apagar os outros atores do filme. Acham que grandes atores fazem esse tipo de coisa. Que esse é o caminho para se tornar um astro ou ganhar prêmios. A realidade é que esse tipo de ambição pessoal e comportamento narcisista piora o filme. Faz com que ele fique esquisito e afeta a experiência do espectador de um jeito negativo. E, quando atores ajudam uns aos outros em suas cenas, quando se incentivam, quando abrem espaço para os colegas terem grandes momentos e performances memoráveis, o filme deixa de ser bom e se torna ótimo, criando uma conexão mais profunda com a plateia. É isso que traz o sucesso. E um filme bem-sucedido faz com que os atores recebam mais ofertas em outros filmes maiores, mais lucrativos do que aquele que acabaram de fazer juntos.

Ao ser altruísta, ao ajudar colegas de elenco, adversários ou colegas de trabalho, você tem a capacidade de melhorar a vida de todo mundo e de criar um ambiente positivo em que pode prosperar e encontrar felicidade. É por isso que adoramos séries de televisão com ótimos elencos. É por isso que admiramos empresas como a Patagonia, que valoriza os clientes e os funcionários acima dos lucros. É por isso que adoramos grandes times esportivos, como os Golden State Warriors de 2007 ou as fantásticas seleções de futebol espanholas, porque os jogadores sabem passar a bola, jogam como uma equipe que envolve todos os membros e fazem com que cada um deles se torne melhor.

Por outro lado, é por isso que temos sentimentos tão complicados por atletas superfamosos e egoístas, CEOs individualistas e políticos narcisistas. Eles quase nunca tornam outras pessoas melhores. E, mesmo que estejam "do nosso lado", só os aturamos enquanto estão vencendo. No instante em que eles começam a perder ou que as coisas começam a dar errado, queremos substituí-los, demiti-los, tirá-los do governo por intermédio do voto. Porque, a essa altura do campeonato, qual seria a vantagem de aturar um desgraçado egoísta que só sabe pensar em si mesmo?

Mas você não precisa estar tentando concretizar um objetivo ou uma grande visão para colher os benefícios de ajudar os outros. Muitos dados científicos indicam que o simples ato de ajudar aumenta significativamente a felicidade, e esse aumento começa quase no mesmo instante. Em 2008, pesquisadores de Harvard fizeram um experimento em que davam 5 dólares para um grupo de participantes e 20 para outro e os orientavam a gastar o dinheiro com eles mesmos ou fazerem doações. No fim do dia, quando os pesquisadores verificaram os participantes, descobriram que as pessoas que fizeram doações relatavam se sentir bem melhor do que aquelas que ficaram com o dinheiro.

Aqui vai a parte mais interessante: não houve muita diferença no nível do aumento de felicidade entre as pessoas que doaram 5 dólares e as que doaram 20. As pessoas que abriram mão de 20 dólares não sentiram uma felicidade quatro vezes maior. Isso significa que não se trata do quanto você doa, mas do simples ato de doar. É o ato de doar que gera o aumento de felicidade.

Pense nisto: você pode melhorar o dia de uma pessoa e o seu próprio com o mesmo gesto de bondade e generosidade. E você não precisa ser rico nem cheio da grana para isso.

COMO RETRIBUIR

Para alguém como eu, com toda a minha experiência de vida e recursos, é fácil sentar aqui e dizer que é importante retribuir ou que ajudar os outros gera uma sensação maravilhosa. Mas sei que as vantagens nem sempre são tão óbvias quando você é jovem, pobre e ainda está tentando entender o que deseja da vida. Também sei que não é tão simples quando você é mais velho e tem mais de um emprego, quando tem muitas bocas para alimentar ou quando cada minuto do seu dia é dedicado a se preocupar com os próprios problemas.

Talvez pareça que você não tem tempo sobrando para retribuir. E, quando surge um tempo livre, faz tanto tempo que sua cabeça está focada na labuta, em conseguir dinheiro suficiente ou em concretizar sua visão que pode ser difícil tentar entender a melhor forma de aproveitá-lo ou se seu tempo pode ser útil para outra pessoa.

Você acaba pensando coisas como: "Quem sou eu? Não passo de um zé-ninguém tentando sobreviver." Ou: "O que eu posso fazer? Não tenho nenhuma habilidade especial." Ou: "O que tenho a oferecer? Não sou rico nem famoso como todas essas outras pessoas."

A primeira coisa a ter em mente é que, no nível mais simples, mais básico, você não precisa virar a vida de cabeça para baixo para ajudar os outros. Você só precisa prestar atenção, ouvir e interagir com o mundo ao seu redor. Quando se deparar com alguém em uma situação complicada – com uma sacola de mercado pesada ou lutando contra uma emoção difícil –, pare e ofereça ajuda ou um abraço. Se um amigo com quem você não fala há anos ligar no meio da madrugada, atenda o telefone. Se for alguém que pareça precisar de ajuda, atenda o telefone, não importa se tiver pedido ajuda ou não. Alivie o fardo dos outros, mesmo que seja apenas por cinco minutos ou cinco metros. Ajudar as pessoas é uma prática simples, que exige apenas atenção, disposição e um pouquinho de esforço. Mesmo sem procurar ativamente, basta estar conectado aos seus arredores para encontrar oportunidades diárias de ajudar alguém. E pode acreditar quando eu digo que isso trará uma sensação ótima.

A segunda coisa a ter em mente é que você tem mais a oferecer do que imagina. Por exemplo, sei que você tem tempo. Se olharmos para a análise das 24 horas do seu dia, garanto que você tem uma hora sobrando pelo menos uma ou duas vezes na semana. Você fala um idioma estrangeiro? É bom em matemática? Sabe ler? Você pode dar aulas para crianças no ensino fundamental uma vez por semana em algum programa extracurricular perto da sua casa. Você pode ler para crianças pequenas na biblioteca local ou para pacientes do hospital infantil. Você tem um carro ou uma van em boas condições? Pode entregar refeições para idosos ou levar pacientes de casas de repouso para a fisioterapia. Você é habilidoso? Tem ferramentas? Pode ajudar a consertar o campo esportivo da sua cidade antes do início da temporada de jogos.

Não precisa ser nada muito complicado em termos de habilidades. Você consegue andar e tem dinheiro para comprar uma caixa de sacos de lixo grandes? Faz tanto tempo que o grande escritor americano David Sedaris cata o lixo jogado na beira das estradas próximas à sua casa no interior da Inglaterra como parte de suas caminhadas matinais que o condado batizou um caminhão de lixo em homenagem a ele e a rainha Elizabeth uma vez o convidou para tomar chá no palácio de Buckingham.

Mas você não precisa de uma casa bonita para motivá-lo a catar o lixo na sua vizinhança. Você nem precisa de uma casa. Em West Los Angeles, um homem em situação de rua chamado Todd Olin se tornou uma lenda local ao dedicar horas do seu dia, *durante anos*, a limpar as ruas de Westchester. Ele coletava lixo, removia ervas daninhas, limpava pichações, desentupia ralos e grades de esgoto. E começou com nada além de dois carrinhos de compras e um coletor de lixo barato de plástico.

Retribuir também não precisa ser uma atividade diária. Em 2020, uma estudante de 16 anos de Tucson, Arizona, chamada Lily Messing, fundou um grupo chamado "100+ Teens Who Care Tucson" (Mais de 100 adolescentes que se importam com Tucson), que se reúne apenas quatro vezes por ano. Cada membro da organização, que é formada por estudantes de ensino médio, se compromete a juntar 25 dólares a cada trimestre – ou seja, 100 dólares no ano inteiro – e depois identifica uma organização local que precise de ajuda e doa as economias do trimestre diretamente para ela. Desde 2020, eles doaram mais de 25 mil dólares para grupos que cuidam de crianças, animais, vítimas de abuso doméstico e pessoas em situação de rua. Vinte e cinco dólares, quatro vezes por ano. Isso é tudo que basta para causar um impacto!

Se você ainda não estiver conseguindo pensar em formas de retribuir, não se concentre naquilo que tem ou que sabe, mas analise tudo que os outros já fizeram por você e tente passar isso adiante ao fazer as mesmas coisas por pessoas que estejam em uma situação parecida. Se você teve um ótimo treinador de futebol na infância, envolva-se com o futebol infantil. Se você recebeu uma bolsa de estudos de uma organização local que ajudou a pagar sua faculdade, entre em contato com ela e veja como pode contribuir com o fundo dela para a próxima leva de formandos do ensino médio. Como forma de retribuir a generosidade de Joe Weider ao me trazer para os Estados Unidos, uma das coisas que faço é identificar estrangeiros ambiciosos com sonhos grandiosos e interessantes e patrocinar seus vistos e green cards, escrevendo cartas por eles em meu papel timbrado com o selo do governador da Califórnia no topo. Você não precisa ter grandes contatos nem precisa ser criativo para retribuir, só precisa pensar um pouco.

No capítulo anterior, falamos de como ser curioso, ser uma esponja e fazer boas perguntas são ferramentas para abrir a mente para as possibilidades do mundo. **Pois bem, essas também são ferramentas para abrir seu coração para os problemas dele e para as formas de se tornar parte da solução.** Às vezes, esses problemas são pequenos e afetam apenas **uma pessoa** que precisa de uma ajudinha rápida. Em outros **momentos, eles** podem ser imensos, crônicos ou sistêmicos, e **ajudar se torna** uma causa na sua vida, como aconteceu com Lily Messing, ou parte da sua missão no mundo, como aconteceu com Danny Hernandez e Mary Shenouda.

É claro, você pode fazer as duas coisas. Envio um e-mail diário para milhares de pessoas, para inspirá-las **a ser saudáveis** e estar em forma. Isso é, de várias maneiras, uma **continuação** e uma evolução do meu trabalho de combate à **obesidade no começo da** década de 1990, como czar do mundo fitness. Ao mesmo tempo, fico igualmente feliz ao passar dez minutos com **um idoso** na academia, ensinando a postura certa no **aparelho de puxada alta,** ou ao conversar com um garoto de 17 anos que quer abrir sua própria empresa de consertos de telhado.

De todo modo, não importa se você ajudar centenas de pessoas com seu trabalho ou mudar apenas **uma vida** com suas palavras de sabedoria, você terá retribuído da **maneira** mais profunda, porque terá mudado o mundo. Se você ainda não tiver certeza do que tem a oferecer, apenas esteja **presente** e se concentre nas pequenas coisas. As pequenas coisas têm o hábito de se transformarem em grandes coisas, e tenho **certeza de** que, um dia, algo minúsculo o levará a algo grandioso que você se sente pronto para retribuir de um jeito mais grandioso ainda.

Em geral, é assim que acontece com as **crianças** que se esforçam para ganhar o distintivo de Eagle Scout, **o mais importante** no programa dos escoteiros dos Estados Unidos. O último passo para se tornar Eagle Scout é completar **um projeto** que cause um impacto significativo na comunidade local. **Basicamente, eles** precisam encontrar uma forma de retribuir. A maioria dessas crianças entende rapidamente o que deseja fazer em seu projeto, porque passam anos prestando atenção e ouvindo, engajadas com suas comunidades e prontas para responder àqueles que precisam de ajuda.

Talvez esses escoteiros sempre ajudem as pessoas a carregar carrinhos de compras ou de bebê para cima da calçada, porque os meios-fios da cidade são altos demais. Então, para seu projeto, eles decidem pedir autorizações municipais, angariar fundos com empresas locais e contratar um empreiteiro para ajudar a consertar as ruas e construir rampas para o acesso de pessoas com deficiência por toda a cidade.

Talvez eles sempre ajudem vizinhos a procurar os cachorros que ficam fugindo de um parque da vizinhança, porque a cerca do local é velha e tem frestas largas. Então decidem reprojetar e reconstruir a cerca com a ajuda de colegas do escotismo, usando materiais doados pela loja de ferragens local, e depois solicitam ao conselho municipal que o espaço seja oficialmente considerado um parque de cachorros e receba manutenção no futuro.

Há milhares de versões dessas histórias dos Eagle Scouts, mas a melhor parte é que existe um milhão de formas de você aprender a lição geral que elas oferecem e dedicar seu tempo, suas habilidades e seus recursos para beneficiar os outros. E, na minha experiência, depois que você começar, não vai mais parar.

RETRIBUIR VICIA

Minha primeira experiência de retribuir de forma organizada aconteceu no fim da década de 1970, quando recebi um convite para ajudar a treinar atletas da Special Olympics em levantamento de peso em uma universidade no canto noroeste do Wisconsin.

Ao longo de dois ou três dias, trabalhei com grupos de adolescentes com graus diferentes de deficiência intelectual como parte de um estudo para observar se levantar peso poderia ser seguro para eles como atletas e uma ferramenta terapêutica benéfica. Como um todo, a experiência foi extremamente poderosa, mas é nosso primeiro dia juntos, focados no supino, que permanece na minha memória em detalhes nítidos até hoje.

Lembro que as crianças estavam um pouco hesitantes e tímidas no começo. Flexionei os músculos e posei para elas, deixando que apertassem meu bíceps ou cutucassem meu peito para deixá-las à vontade. Lembro que me senti bem ao ganhar a confiança delas e ver o entusiasmo de cada uma aumentando conforme se deitavam no aparelho e se posicionavam embaixo da barra para levantar peso pela primeira vez na vida. Lembro que alguns tiveram dificuldade. Ver a barra diretamente acima da cabeça e sentir a gravidade pressionando o peso em suas mãos para baixo era um pouco assustador. A sensação devia ser tão esquisita para aquelas crianças quanto ensinar e me comunicar com elas era para mim. Mas me lembro de pensar que, se elas tinham coragem e força para encarar os próprios medos e tentar algo novo, eu não podia permitir que minhas dúvidas atrapalhassem e potencialmente as decepcionassem. Em vez disso, tentei ser tão gentil, entusiasmado e aberto quanto elas. No fim do dia, todas as crianças tinham feito várias séries no supino. Até os garotos mais assustados se deitaram embaixo da barra e fizeram algumas repetições, incluindo o que entrou em pânico no início e começou a gritar sem parar até que eu conseguisse acalmá-lo ao posicioná-lo ao meu lado e transformá-lo no meu contador de repetições oficial.

Nunca vou me esquecer daquele garoto. Após me ajudar a contar as repetições dos outros meninos, percebi que ele começava a se sentir mais confortável perto dos pesos. Ele os vira levantando a barra sem serem esmagados. Perguntei se queria fazer outra tentativa, e ele disse que sim. Seus amigos ficaram animadíssimos. Ele se deitou no supino com a cabeça entre as barras verticais de apoio; fiquei atrás dele e posicionei lentamente a barra em suas mãos.

"Agora, quero dez repetições", falei. Ele obedeceu como se fosse a coisa mais fácil do mundo. Os amigos estavam enlouquecidos. Um sorriso tão largo quanto o peso estampava seu rosto. "Acho que você já consegue levantar mais peso." Acrescentei 4,5 quilos em cada lado. "Tente fazer mais três repetições."

Os amigos o incentivaram. Ele respirou fundo e levantou o peso com pouquíssimo esforço.

"Nossa, você é muito forte", falei. "Daqui a pouco, vai estar competindo comigo. Quer aumentar um pouco mais?"

Ele fez que sim, empolgado. Então, mais duas placas de 4,5 quilos entraram na barra. E ele fez mais três repetições. No intervalo de uma hora e meia, o garoto que estava morrendo de medo do supino tinha levantado quase 40 quilos sem ajuda, três vezes. Ele se levantou do supino, bati na sua mão, e seus amigos o abraçaram.

Parado ali, vendo aqueles meninos comemorando a conquista do amigo, fui preenchido por uma alegria que era quase espiritual. Foi tão avassalador que fiquei confuso. Eu não tinha ganhado dinheiro nenhum. Aquela atividade não fazia minha carreira crescer em nada. Não era algo que fizesse parte da minha visão maior. E, para ser sincero, não senti como se eu estivesse fazendo muito em termos de esforço ou sacrifício. Então, por que eu estava tão feliz?

Entendi que era por ter ajudado aquelas crianças. Só de estar presente, oferecer apoio e incentivo e ensinar algumas coisas, eu tinha mudado a vida daquele menino. Agora, ele tinha uma prova de que conseguia fazer aquilo, de que era forte o suficiente não apenas para levantar pesos, mas para superar seus medos. Eu o ajudara a aprender algo sobre si mesmo que ele poderia usar em situações novas, desconfortáveis e assustadoras pelo resto da vida. Ele nunca mais seria o mesmo. Nem seus amigos. Nem eu.

No fim das contas, eu ganhei muito com aquela experiência, mas não da forma como eu tendia a avaliar as coisas antes. Consegui usar meu conhecimento e minha habilidade para ajudar aquele grupo de jovens menos privilegiados do que eu a aprenderem algo, a se fortalecerem, a ganharem confiança e a se sentirem melhores consigo mesmos. Eu havia retribuído e tinha feito isso apenas porque eles precisavam de ajuda e alguém havia me pedido.

No mesmo instante, quis fazer mais. Se você estivesse no meu lugar, talvez se sentisse da mesma forma. Mas não precisa acreditar em mim. Veja os dados científicos. Em vários estudos ao longo dos últimos quarenta anos, psicólogos e neurocientistas descobriram que retribuir, seja por doações de caridade ou trabalho voluntário, libera oxitocina e endorfinas. São os mesmos hormônios que o cérebro produz durante o sexo e os exercícios físicos. Também sabemos que retribuir produz uma substância química chamada vasopressina, associada ao amor. Na verdade, basta *pensar* ou se lembrar de momentos de generosidade para acionar a liberação desses mesmos hormônios.

Cientistas sociais têm um nome para esse fenômeno: "euforia dos generosos". Retribuir tem esse nível de poder. É uma droga natural da felicidade com propriedades *altamente* viciantes. Eu sei disso tudo hoje em dia, mas, nos meses e anos após meu fim de semana no Wisconsin, passei a buscar o barato da oxitocina e da endorfina como um viciado atrás da próxima dose.

Como resultado da nossa colaboração, os pesquisadores da universidade e a equipe da Special Olympics determinou que o levantamento de peso gerava mais confiança nas crianças do que quase todos os outros esportes que elas praticavam. O impacto foi tão significativo que pediram a minha ajuda para desenvolver uma competição de levantamento de peso para os jogos da Special Olympics e para determinar quais pesos deveriam ser usados. Mergulhei de cabeça na oportunidade. Nós decidimos começar com o supino e o levantamento terra, porque são os movimentos mais simples e que causariam menos risco às crianças com problemas de equilíbrio ou de coordenação motora. Eles também são os mais divertidos de assistir e de participar, porque envolvem o levantamento das maiores quantidades de peso. Após ajudar a criar o projeto, trabalhei com grupos de crianças em várias outras cidades e me registrei como treinador internacional oficial. Depois de uns dois anos, o levantamento de peso foi incluído em eventos regionais da Special Olympics nos Estados Unidos e acabou se tornando um marco dos jogos mundiais, permanecendo um dos esportes mais populares entre atletas e espectadores até hoje. Ainda adoro torcer por aqueles homens e mulheres fortes em todos os jogos da Special Olympics e tenho um orgulho imenso por minha filha e meu genro terem se unido à causa como embaixadores globais.

Mais tarde, foi meu trabalho com a Special Olympics que persuadiu o presidente Bush a me convidar para o Conselho de Condicionamento Físico e Esportes da Presidência. Na época, eu estava ocupado como nunca e recebia mil propostas o tempo todo. Eu filmava dois filmes por ano e fazia os eventos promocionais internacionais que os acompanhavam. Cada filme me rendia 20 milhões de dólares, mas a alegria que eu sentia ao motivar a garotada da Special Olympics era mais intensa do que qualquer coisa que já senti em um tapete vermelho e era mais valiosa para mim do que mais um cachê milionário, então a oportunidade de replicar esse sentimento ao ajudar ainda mais crianças, incluindo os alunos em situação mais vulnerável, era irrecusável. Topei na mesma hora e me comprometi a bancar minhas viagens durante todo o meu mandato, usar meu próprio avião e pagar pela alimentação e pela hospedagem de toda a equipe durante nosso tour pelos cinquenta estados.

Minhas responsabilidades crescentes na Special Olympics e no Conselho da Presidência tomavam boa parte do meu tempo livre, mas não a ponto de me impedir de buscar mais e mais formas de retribuir. Eu estava viciado. Não tenho dúvida de que a euforia dos generosos teve um papel importante na minha primeira conversa com Danny Hernandez em 1992, por exemplo. Sei que foi uma grande parte da minha motivação para insistir em expandir os Inner-City Games para outras cidades ao longo do resto da década e transformá-lo em um programa nacional de atividades extracurriculares durante o ano todo.

É isso que acontece quando retribuir se torna um vício. Assim como uma droga, você precisa de mais uma dose, que vai aumentando. Você quer ajudar mais pessoas, com mais frequência, com mais coisas. Para mim, isso acabou fazendo com que eu abrisse mão dos grandes cachês, me candidatasse ao governo da Califórnia e recusasse o salário pago pelos contribuintes, e, depois de terminar meus mandatos, levasse meus esforços para o Instituto Schwarzenegger na USC e para a Iniciativa Climática Schwarzenegger, com o objetivo de reformar o sistema político para colocar o poder dos políticos nas mãos do povo e acabar com a poluição, podendo ajudar centenas de milhões, se não bilhões, de pessoas.

Todos os dias, acordo pensando nessas coisas, e elas me dão uma sensação incrível de propósito. Essa sensação também pode ser alcançada por você, por qualquer um, ao dar o primeiro passo para retribuir e permitir que as endorfinas fluam por suas veias.

QUEBRE O VIDRO

É interessante olhar para mais de quarenta anos atrás, desde que fiz aquela viagem para o Wisconsin, e ver como minha visão evoluiu conforme minhas prioridades mudavam. No começo, meu único foco era eu mesmo, e minha visão era só ter sucesso profissional, fama e fortuna. Essa visão guiava todas as minhas decisões, e o quanto eu gostava de ajudar outras pessoas era definido principalmente pelo quanto isso se encaixava nessa visão. Mas, conforme o tempo passava e retribuir se tornava uma parte mais importante da minha vida, passei a me tornar mais focado no coletivo. Eu gostava de ajudar outras pessoas não porque isso contribuía para os meus objetivos pessoais, mas porque esse *era o meu objetivo pessoal*. A caridade deixou de ser um meio para chegar a um fim e passou a ser o fim em si.

Pouco depois do fim do meu mandato no Conselho da Presidência, um discurso para a turma de formandos de Yale, feito pelo meu falecido sogro, o sargento Shriver, deixou claro para mim que retribuir deveria se tornar uma parte central da minha vida. O sargento era bondoso, brilhante e solícito. Era guiado pelo coração como ninguém. Ele se importava profundamente com as pessoas e dedicava seu dinheiro (e seu tempo) a ajudá-las.

O sargento fundou o Corpo da Paz, a Head Start, a VISTA (Voluntários a Serviço dos Estados Unidos), a Job Corps, a Upward Bound e uma série de outras organizações de caridade que ajudavam grupos carentes no país e no mundo. Ele também fazia parte do conselho diretor da Special Olympics, fundada por sua esposa, Eunice, minha sogra, como um acréscimo ao seu trabalho de apoio a pessoas com deficiências intelectuais. Não é exagero dizer que os Shriver passaram toda a sua vida adulta a serviço da humanidade.

Na época do discurso em Yale, o sargento tinha 70 e muitos

anos. Tinha visto o mundo e passado por muitas experiências. Desejava compartilhar com as próximas gerações de líderes sua sabedoria sobre ter o poder de moldar o mundo e levá-lo para o lugar em que desejamos que esteja. Mas também tinha um conselho.

"Quebrem seus espelhos!", disse ele. "Sim, isso mesmo, quebrem o vidro. Em uma sociedade tão egoísta como a nossa, comecem a olhar menos para si mesmos e mais uns para os outros. Aprendam mais sobre o rosto do seu vizinho e menos sobre o seu próprio. Quando vocês chegarem aos 30, 40, 50 e até 70 anos, ficarão mais felizes ao contar seus amigos do que ao contar seu dinheiro. Vocês terão mais satisfação ao ajudar seu bairro, sua cidade, seu estado, seu país e outros seres humanos do que ao cuidar dos seus músculos, do seu corpo, do seu carro, da sua casa ou da sua avaliação de crédito. Vocês verão mais vantagem em ser pacificadores do que guerreiros. Quebrem os espelhos."

O sargento fez esse discurso em 1994, quase trinta anos atrás. Sua mensagem continua relevante, não acha? E acredito que continuará sendo relevante para muitas gerações que ainda estão por vir. Digo isso sabendo que conselhos como os do sargento muitas vezes parecem vir de elites que gostam de falar em salvar o mundo enquanto relaxam no conforto e na segurança do seu iate ou na sua mansão de veraneio.

"Para ele, é fácil falar", você pode estar pensando.

O que você precisa entender é que o sargento não estava falando que a ambição pessoal não agrega valor nem traz felicidade. Ele entendia que, apesar de ter músculos não ser a coisa mais importante do mundo, ter um corpo forte e saudável é importante e essencial para ter uma vida duradoura. Ele sabia que ter um bom carro que funciona bem e com que você pode contar é menos um motivo para preocupação. Ele reconhecia que ter uma casa grande o suficiente para abrigar a família inteira e oferecer a sensação de lar pode ser uma grande fonte de orgulho.

O argumento do sargento era que ajudar é uma fonte *maior* de prazer, em parte porque isso coloca a ambição pessoal na perspectiva correta. Eu iria um pouco além – e falo por experiência própria – e diria que quebrar seus espelhos e cuidar das pessoas atrás do vidro que precisam de ajuda não apenas é uma fonte maior de felicidade, como faz com que seus sonhos para si mesmo se tornem mais significativos e preciosos.

Talvez eu esteja filosofando demais, mas testemunhei isso em primeira mão durante a temporada de incêndios no meu mandato como governador. Todo ano, pelo menos uma vez entre junho e outubro, eu ia até o local de um grande incêndio florestal para conversar com bombeiros enquanto eles descansavam no intervalo de expedientes de 12 a 18 horas, em que lutavam contra muralhas de chamas em um calor extremo e em condições perigosas, em uma tentativa de salvar casas e vidas. Vendo que estavam exaustos após entrarem e saírem de vales, cortarem árvores e cavarem buracos para delimitar a expansão do fogo, eu perguntava como eles estavam e escutava respostas tão humildes quanto suas ações eram heroicas. Porém, o que mais me impressionava era que, em mais de uma ocasião, eu estava conversando com um bombeiro que estava na linha de frente enquanto sua própria casa podia estar pegando fogo. Tudo que eles tinham, suas posses mais queridas, o lugar em que criavam a família – tudo podia estar prestes a ser tomado pelas chamas a qualquer momento, e aqueles bombeiros nem cogitavam se deveriam ir salvar o próprio lar ou se seu lugar realmente era a linha de frente, tentando ajudar os vizinhos.

Quebrar espelhos era fichinha em comparação ao tipo de pessoa que, para começo de conversa, nem espelhos tinha. Eles estavam sempre cuidando dos outros. Retribuir e ajudar as pessoas era o que eles faziam. Eram 100% focados no coletivo, e os admiro como modelos de altruísmo e sacrifício desde então. Todos nós deveríamos fazer isso. Acho que poucas pessoas são capazes de alcançar esse nível de abnegação, mas com certeza podemos nos esforçar.

No meu próprio caso, eu diria que a minha vida hoje é *em grande parte* focada no coletivo, e o motivo para o foco continuar em mim mesmo em alguns momentos é continuar ganhando dinheiro para bancar todas as empreitadas coletivas que são importantes para mim. A capacidade de enviar um milhão de dólares com tanta rapidez para o Fundo de Profissionais da Linha de Frente em março de 2020, por exemplo, foi resultado de continuar dedicando tempo a ambições pessoais, sabendo que sempre haverá dinheiro para retribuir e ajudar a solucionar problemas grandes e urgentes que não recebem a devida atenção de políticos que não se importam em ajudar ninguém.

Não compartilho essas histórias como forma de lhe dizer para fazer o que eu fiz ou o que os bombeiros, soldados e o pessoal da linha de frente fazem. Também não estou dizendo que você precisa ser um Robin Hood ou uma Madre Teresa nem abandonar suas ambições ou posses pessoais. Só peço que você quebre seus espelhos e faça o possível pelos outros. Só peço para que você faça uma contribuição. Que retribua os favores que recebeu. Que seja útil sempre que possível. E peço que você faça isso pelo mesmo motivo que qualquer um de nós decide retribuir. Porque temos uma dívida de gratidão com as pessoas que nos trouxeram até aqui. Porque podemos fazer pela próxima geração exatamente o que a geração anterior fez por nós. Porque isso tornará o mundo um lugar melhor. Porque isso deixará você mais feliz de maneiras que você nunca imaginou.

Uma coisa que você aprende após viver por tempo suficiente e trabalhar o bastante para ver seus sonhos mais loucos se transformarem em realidade é que todos nós estamos conectados. Todos estamos juntos nesta coisa chamada vida. Não é um jogo de soma zero. Podemos ter vários vencedores. Uma quantidade infinita de vencedores, na verdade... contanto que retribuir seja parte das regras do jogo. Quando retribuir se torna parte da nossa vida, quando quebramos nossos espelhos para enxergar as pessoas atrás do vidro que precisam de ajuda, todo mundo se beneficia.

    Não importa a sua idade, o quanto você tem, o quanto já fez e o quanto falta fazer. Em todos os casos, dar mais nos faz receber mais de volta. Você quer ajudar a si mesmo? Ajude os outros. É saindo desse ponto de partida que você se tornará a versão mais útil de si mesmo – para sua família, seus amigos, sua comunidade, sua nação... e para o mundo.

UM AGRADECIMENTO FINAL

Quando li *Meditações*, de Marco Aurélio, fiquei impressionado com o fato de que o primeiro livro do que é basicamente um diário com 2 mil anos de idade não passa de uma lista de pessoas na vida de Marco que o ajudaram ou lhe ensinaram algo valioso. Essa é uma forma poderosa de lembrar a si mesmo que você não cresceu sozinho.

Enquanto eu escrevia este livro, as lembranças sobre as pessoas no centro das histórias que acabei de contar me inundavam, e decidi que, em vez de fazer uma seção tradicional de agradecimentos, seria mais útil encerrar o livro da forma como Marco Aurélio começou o dele.

Quando você terminar de ler, monte sua própria lista. Isso o manterá humilde. E, quando você precisar de conselhos, ajuda ou inspiração, consultar a lista também será útil.

Aprendi a ter disciplina e a importância de ser útil, acima de tudo, com meu pai.

Aprendi sobre amor e sacrifício com minha mãe.

Karl Gerstl e Kurt Marnul me ensinaram a levantar peso. Harold Maurer me treinou.

Steve Reeves e Reg Park abriram o caminho para fisiculturistas se tornarem astros do cinema e me deram um modelo a seguir. Clint Eastwood era um ídolo dos filmes que acabou se tornando um amigo querido.

Fredi Gerstl abriu minha mente e moldou minha curiosidade natural, transformando-a na habilidade de fazer boas perguntas.

Franco Columbu foi meu melhor amigo e confidente, minha dupla por mais de cinquenta anos. Ele também era meu parceiro de treino e, junto com outros parceiros como Dave Draper e Ed Corney, me incentivou a levantar mais peso, pegar mais pesado e me tornar maior.

Albert Busek foi o primeiro jornalista das revistas de fisiculturismo a enxergar o potencial em mim, declarando que o fisiculturismo havia entrado na "era Schwarzenegger" e tirando as primeiras e melhores fotos minhas – fotos que chamaram atenção de...

Joe Weider, que pagou minha passagem para os Estados Unidos e me deu um lugar seguro para ficar. Ele também era um vendedor nato e um criador brilhante de marcas, com quem aprendi muito.

Frank Zane e Sergio Oliva me inspiraram a encontrar novos aparelhos ao me darem uma surra. Eles também se tornaram amigos que compartilhavam seu conhecimento sobre treinos de graça, apesar de sermos adversários.

Olga Assad me ensinou a investir no mercado imobiliário.

Na minha carreira no cinema, Sylvester Stallone me inspirou com seu talento incrível e se tornou o rival de que eu precisava para alimentar minha fome de crescer em Hollywood, e depois se tornou um amigo querido com quem posso conversar sobre tudo.

John Milius, Jim Cameron e Ivan Reitman se arriscaram comigo ao seu próprio modo e me permitiram mostrar que eu estava disposto a encarar o desafio de me tornar um astro do cinema e um protagonista.

O sargento Shriver e Eunice Shriver foram meus modelos de caridade.

O presidente George H. W. Bush foi meu mentor e me ensinou a transformar meu interesse em retribuir a ajuda que recebi em serviço público.

Nelson Mandela me ajudou a entender de verdade os horrores do racismo e do preconceito, assim como o poder do perdão.

Muhammad Ali me mostrou o que é garra e perseverança de verdade e como é confiar no próprio taco.

Mikhail Gorbachev abriu meus olhos para o modo como o sistema político de fato funciona e por que fazer a coisa certa é muito difícil para a maioria das pessoas.

Meu velho amigo e mentor Jim Lorimer me ensinou tantas coisas que elas poderiam encher outro livro. Mas nunca esquecerei que ele defendeu o Arnold Sports Festival comigo e que, quando eu estava cogitando me candidatar a governador, foi a única voz inequívoca a dizer, sem sombra de dúvida, que eu deveria tentar, que eu estava pronto. Ele me deu muita confiança.

Todos os nossos atletas do After-School All-Stars e da Special Olympics a que assisti e com quem trabalhei são lembretes vivos de que as coisas na vida nem sempre seguem o rumo que esperamos no começo, mas que isso não é desculpa para pararmos de tentar, de lutar e de sermos gratos por tudo que temos.

Também tive a sorte de receber o amor de mulheres maravilhosas na minha vida. Por décadas, Maria ficou ao meu lado a cada decisão e até hoje é uma mãe fantástica para nossos filhos. Nos últimos dez anos, Heather tem sido minha companheira e confidente, que está ao meu lado durante os altos e baixos, aumentando nossa coleção de animais a cada ano.

Meus filhos, em todas as idades, me tornaram mais humilde nos momentos necessários. Eles também me inspiraram a me esforçar ao máximo para construir um mundo que será melhor muitos anos após a minha partida. Assim como os eleitores da Califórnia.

Por último, mas não menos importante, agradeço à minha equipe – os homens e mulheres que se juntaram à minha volta ao longo dos anos e que me acompanharam nas muitas fases da minha vida, incluindo aqueles que se juntaram a mim mais recentemente para projetos como este livro ou as minhas séries na Netflix. Eles me mantêm alerta, me ajudam a brilhar, me tornam mais inteligente, e, acima de tudo, por mais que a gente trabalhe, estamos sempre rindo.

Eu poderia continuar listando para sempre as pessoas que me ajudaram a alcançar meus sonhos e criar a vida que imaginei para mim mesmo tantos anos atrás, no meu pequeno vilarejo na Áustria, mas acho que você já entendeu o que eu quero dizer.

Para saber mais sobre os títulos e autores da Editora Sextante,
visite o nosso site e siga as nossas redes sociais.
Além de informações sobre os próximos lançamentos,
você terá acesso a conteúdos exclusivos
e poderá participar de promoções e sorteios.

sextante.com.br